This Book Offers Free Bonus Puzzles

Available Here:

BestActivityBooks.com/WSBONUS20

5 TIPS TO START!

1) HOW TO SOLVE

The Puzzles are in a Classic Format:

- Words are hidden without breaks (no spaces, dashes, ...)
- Orientation: Forward & Backward, Up & Down or in Diagonal (can be in both directions)
- Words can overlap or cross each other

2) LEVEL UP THE GAME!

A space is provided next to each word to write new ones, translations or notes. We also offer a convenient **NOTEBOOK** at the end of this edition. It can help you organize your annotations, new words and/or observations.

3) TAG YOUR WORDS

Have you tried using a tag system? For example, you could mark the words which have been difficult to find with a cross, the ones you loved with a star, new words with a triangle, rare words with a diamond and so on...

4) EASY TO CUT!

The Puzzles come with an Extra Large margin to easily cut the page out of the book. Some people may feel it more convenient to solve them this way.

5) FINISHED?

Go to the bonus section: **MONSTER CHALLENGE** to find a free game offered at the end of this edition!

Want **more fun** and activities to **relax? It's Fast and Simple!** An entire Game Book Collection **just one click away!**

Find your next challenge at:

BestActivityBooks.com/MyNextWordSearch

Ready, Set... Go!

Did you know there are around 7,000 different languages in the world? Words are precious.

We love languages and have been working hard to make the highest quality books for you. Our ingredients?

One part easy-to-read print, three parts entertainment, then we add some challenging words and a pinch of rare ones. We brew them with care to serve you lots of fun and an opportunity to solve the best puzzles.

Your feedback is essential. You can be an active participant in the success of this book by leaving us a review. Tell us what you liked most in this edition!

Here is a short link which will take you to your Amazon orders review page.

BestBooksActivity.com/Review50

Thanks for your fidelity and enjoy the Game!

Delta Classics Team

Puzzle 1

```
O R D E N T L I G F I T P H I
K Q Y Z N Z Q L M Æ K U I A M
F N R Q Q F M Z W N N E F H P
J H A V F I G U R G M L W Å O
X G O P T E S W E S C T K B N
R P Z O P O W U D E N O R K E
B B E P R E E G D L D W I G R
A T A K E D E L Ø T E U P E E
K S I T K A R P F L L S A N Q
S G D S C D A P N O T G P E U
E G A A S H Y T O L A Å C R I
T H N F Y P R M N R G R X T T
G R R K G U A K H R E D L A K
Æ E L T E T I L A N I M I R K
```

ÆGTESKAB	HÅB
PAPIR	FIGUR
SYGE	KALDER
GÅRD	FØDDER
FÆNGSEL	IMPONERE
KEDEL	ORDENTLIG
GENERT	KNAPPE
KRONE	BATCH
KRIMINALITET	FAST
PRAKTISK	DELTAGE

Puzzle 2

```
A  K  F  F  B  P  R  H  E  V  C  I  J  I  T
Q  L  Y  S  K  A  D  B  J  X  E  K  U  N  Ø
F  E  D  S  T  R  A  N  S  P  O  R  T  D  R
Y  F  I  R  I  B  L  C  U  W  L  E  Y  T  K
N  M  B  F  I  L  B  R  W  R  T  G  E  A  E
O  S  G  Z  K  G  X  M  I  N  G  A  Q  S  Z
R  T  A  D  G  U  N  S  T  I  G  T  Y  T  R
I  O  A  T  Ø  R  K  L  Æ  D  E  L  A  E  D
G  R  J  E  D  N  E  E  S  D  U  E  J  T  F
E  S  T  S  S  G  W  K  S  A  V  D  D  T  G
S  L  F  N  P  Z  S  A  L  G  F  Y  E  Æ  N
T  Å  R  A  T  N  E  M  M  O  K  V  I  R  V
E  E  T  U  S  T  I  Y  M  X  L  Æ  V  T  P
V  T  R  E  T  N  I  N  G  E  L  K  X  H  N
```

GRUND
STORSLÅET
TØRKE
RIGESTE
KOMMENTAR
TRÆTTE
UDSEENDE
RETNING
UANSET
BID

ALDRIG
TØRKLÆDE
KYS
DELTAGER
SAV
STI
TRANSPORT
VÆK
GUNSTIG
INDTASTE

Puzzle 3

```
L X G N T E S D I H P O S R F
F L V F X F I A J I N E S M U
A V Z V Z E M H Q E H F E E G
R P S E N I P Q K J M L F N T
M K A N T D E H G I R A V I A
A M S L Y R L V A M R C C N D
N H M I Q E T B Ø K Q V G G Q
D P J P G L H L G L U J H S F
N T S R Ø T E G R E J B V L P
A F T E N L N T U N G T E Ø A
S X D R G P S N Y I O G R S U
F I K T I O N E P P S Q D T S
D B L L R X S G R U D T E W E
I N T E R V I E W C U O N G F
```

AFTEN
KØBTE
VARIGHED
KANT
FUGT
PAUSE
MENINGSLØST
FIKTION
EGEN
TUNGT

SIMPELTHEN
PØLSER
FARMAND
VERDEN
LØVE
INTERVIEW
OPHIDSET
SIGT
HJUL
BJERGE

Puzzle 4

```
G N I D N A L B B S P N R T G
V U A G C H O K L M E Æ K U E
L K M L L K W V Y U D S P S N
W O D M T H U N A K L T Y I N
G A T K I I J L N K O E N N E
E E M P B D D D T E H N O D M
O A O O T Q M Q H R E W K V S
Q Y H G D V C C H E D J L S N
Q V D N R O F N E D N I W F I
H K B X V A K A R R I E R E T
H J E M B Y F H H I W V H W L
F B S Æ L N A I Ø Y R H B L I
S K Y L D I G G J O I C E G G
R K S O F A Y F T L G U H J W
```

TUSIND	NOK
INDENFOR	INDEHOLDE
GUMMI	ALTID
KARRIERE	SÆL
SKYLDIG	GENNEMSNITLIG
GEOGRAFI	NÆSTEN
BIT	SOFA
CHOK	HØJT
SMUKKERE	HJEMBY
BLANDING	BLYANT

Puzzle 5

```
K  F  K  I  F  P  I  T  H  R  B  I  U  H  O
I  O  A  K  M  O  W  Z  R  S  R  N  N  U  V
C  O  R  R  H  L  R  H  V  I  Y  S  D  N  E
S  Z  B  R  V  O  W  K  A  Y  D  P  E  D  N
T  L  E  U  E  E  T  Y  E  Y  E  I  R  R  S
Q  L  Z  B  W  K  B  J  K  R  R  R  S  E  T
F  U  G  L  E  C  T  L  A  L  T  E  Ø  D  Å
K  L  O  K  K  E  U  E  Y  I  K  R  G  E  E
H  A  V  E  N  A  K  R  O  A  A  E  E  B  N
H  E  L  D  I  G  V  I  S  M  N  E  P  Æ  D
T  R  A  P  P  E  R  T  Z  H  H  T  L  R  E
I  N  D  U  S  T  R  I  C  O  N  R  E  E  Y
N  B  K  W  M  P  K  Z  W  W  O  O  L  R  O
G  O  P  V  T  X  J  H  B  X  R  K  Y  D  B
```

KORTE	ZEBRA
MAIL	ORKAN
TRAPPER	KORREKTE
FUGLE	INSPIRERE
KLOKKE	HUNDREDE
FARVEBLYANTER	UNDERSØGE
BRYDER	ZOO
INDUSTRI	OVENSTÅENDE
HAVEN	BÆRE
HELDIGVIS	FORKERT

Puzzle 6

```
W G H X V L S A J E R N D T V
G Z X E C G T K N U P T Q I O
Y Y Z J R C S T A N I P S L G
D I D H Y M O J Y R N S O L N
P M N T N Y E S O C P U J A R
N P I D T L L E S P R K D N N
S H Z L T O T M I K A T K E E
Y Z H A C I Y B P N R N O L D
K E I F Q S L U X J K V N S B
E K E M N E Z L F N U S G E Ø
Ø K O N O M I S K E O I E M R
J I Q G D Z H P Y E T D N E K
A R E N N E V N Z P D E M H P
X V R E A K T I O N C Y K V L
```

VENNER
FALDT
PUNKT
SPINAT
VOGN
REAKTION
PARK
ØKONOMISKE
VRIKKE
HERMELIN

EMNE
INDTIL
NEDBØR
LYTTE
SKARP
JERN
TILLADELSE
SIDE
KENDTE
KONGE

Puzzle 7

```
T G N E D E R D E L J D G D K
A I A I N K N Y I R Z A A J Ø
F K R R I G B O E L I M S N B
H V U S D I T L Å M B E Z H S
A T T E D E V H L K G R Z E F
N R R B I A R E P K I F H N I
D O E U N B G O K O L D T S F
L B P Z O J S Y B R E N G I P
I F I R E L D A P E A L X G I
N V X I H T V X A L M S J T L
G V A S K E T Ø J L Y I B A L
H J Æ L P S O M T I X D N K E
A O Y N K V H K V P Y E S P E
E A K X J N R V M S U R F I A
```

HJÆLPSOMT
AFHANDLING
GARDEROBE
TIRSDAG
SPILLER
ENG
PILLE
KØB
HENSIGT
HVEDE

SMILE
VASKETØJ
TUR
SIDER
NEDERDEL
MÅLTID
FREMAD
KOLDT
DANS
FIRE

Puzzle 8

```
S  F  O  T  O  G  R  A  F  I  X  U  R  G  B
M  R  G  E  V  I  C  Z  W  S  B  L  L  T  Y
Å  N  I  L  C  N  E  P  Y  T  R  R  R  D
K  Y  G  O  E  R  R  V  S  T  E  M  P  E  L
O  T  A  I  V  Å  E  X  I  V  O  G  K  P  O
M  T  N  V  S  D  T  I  R  T  G  G  U  P  Q
B  I  T  B  X  E  T  E  D  L  A  K  U  I  W
I  G  I  T  Y  M  A  H  T  D  L  T  Q  L  N
N  F  S  G  F  F  F  Q  E  S  M  M  I  F  C
A  S  K  Z  Y  C  R  Z  Q  C  Ø  D  C  O  E
T  T  I  E  D  L  O  H  R  E  D  N  U  Q  N
I  M  H  U  K  V  F  D  G  N  Y  S  W  R  E
O  M  F  A  A  E  J  M  R  E  S  K  O  V  J
N  N  T  U  S  X  B  Y  S  W  C  V  E  J  T
```

SCENE	MED
INVITATION	DÅRLIG
KOMBINATION	ØST
TJENE	KALDET
VIOLET	SMÅ
GIGANTISK	STEMPEL
TYPEN	FOTOGRAFI
NYTTIG	VOKSE
ELG	FLIPPER
FORFATTER	UNDERHOLDE

Puzzle 9

```
U S Ø G E B A K S S W V P A Z
T D B R Æ N D E L O J K O F F
E C F G M Y W R C B K M P V L
G R N O P G J D Z O C F U I A
N X Q E R E L A N G I S L S N
I C A J E D M U N T E R Æ E D
K K U A T A R T B T J G R R S
A Å T V R V B I G R E N E N B
D O L U A R X S N E G I T S Y
L Z C R P T A N O G Ø L I U T
Y H T U O I L Y T L A R E V O
D K X M H E H A R K U Y D I P
E P I D B N L F T J Z T H J X
N Ø D S I T U A T I O N L G A
```

AFVISE
UDFORDRING
BRÆNDE
NØDSITUATION
TEGN
MUNTER
ENERGI
SIGNALERE
ADLYDE
STIGEN

KÅLROE
OVERALT
LANDSBY
SKABE
ABSOLUT
LØG
KJOLE
POPULÆR
SØGE
PARTER

Puzzle 10

```
S E K S P E R I M E N T Y Ø Y
A U R E S T A U R A N T P V D
N A L P O J W G L N F V O E E
D J X T H A T V Y S T O F L R
E R U C E G A S D E L M M S L
T W V Y K N P W M M I I Ø E I
B Y D Y P D Q V Y R K L N T G
A A P F C C L R T O U L T T E
S E G I K P P S Q N J I K O R
E Æ K N L R O K K E C O T R E
C F L Z I M N I L Ø B N K G X
N Y C G E N Y S L M G E L O P
S R E B E E G F Z G D R Y T E
R Y L W Q R Y K G P S N D V S
```

STOF	DYB
ENORME	ØVELSE
MILLIONER	PONY
SULTEN	KIG
BAGNING	LØB
MØNT	SKI
EKSPERIMENT	SYV
GROTTE	SÆLGER
LEDSAGE	RESTAURANT
ANDET	YDERLIGERE

Puzzle 11

```
M E F T E R L I G N E W P T J
Y E L A F E B N A W A J E E G
V A D S T E D G R F Z B R M Q
F Å E L L E U T R I V V I M V
I A G Z E G U L E R O D O E G
N M A N X M E G T T J W D L V
A L J S E T S D I S U C E I D
N I M P K D A X Z P L R D G K
S K J Ø N J E P A T G U L J Æ
I M W G Y S E F Z D O V Y F L
E R D E R E D L U K S P D G E
L Z J L F U H K W Y I J I U D
C A R S B J T U X J K X T A Y
C H D E T T E R D U V Z I J R
```

SKULDER
STED
UDRETTE
EFTERLIGNE
KÆLEDYR
RYNKE
VIRTUELLE
TAPE
FINANSIEL
ANBEFALE

GULEROD
DIT
SPØGELSE
PERIODE
MEDLEMS
TOP
SIDST
TEMMELIG
LUGT
VÅGNEDE

Puzzle 12

```
V C C K N Q N F K R F R T A A
Z I H U G A N J Æ G G M J S F
C N R X G W S E R Ø H P O S S
V R A K F H Q N T T C X D U P
H T Y V S N S D N A T S F A E
S K Ø N I O V E G A T D O M J
K A R S E G M U I D E M S H L
K R A G E W E H T S E S T V E
D E K G N D S R E V A G J E R
J T H Q K Q S Z E D J Z E R E
O T S J N K R I W T Z N R K N
O E R E S I L A K O L V N E T
Z L G B L O K O B M E N E N E
Z S S H Y U N A G S P N K Q N
```

ENTEN	AFSPEJLER
KRAGE	VIRKSOMHED
FJENDE	KARSE
BLOK	STJERNE
MEDIUM	TRÆ
AFSTAND	MODTAGE
SLETTER	NAVIGERE
KLOG	HVERKEN
GAVER	OPHØRE
LOKALISERE	SKØN

Puzzle 13

```
E Q V G R M F F O P F I N D E
S A A P M M O P O G F V R Z V
L E N S W J R J J R U R I V T
E Æ D S L Z E Z F D S E I W S
M B K Q G E S D W D U K D S O
M E S K R E T P O K I L E H K
Ø S A N E D I V M I O K N L T
V T G N V R L R E G N S K O V
S Å D E Y T L E H K V T Z R O
R E E I L K E T O M M E R X U
E N O P F M G L F L A S K E R
V D L B Y Z J A P Z O A F O G
O E G V H J E G O G S Å S M V
M Æ R K E L I G S T E U I K X
```

LÆKKER	FLYVE
OGSÅ	REGNSKOV
MÆRKELIGSTE	OVERSVØMMELSE
VIDEN	FORESTILLE
FLASKER	OPFINDE
VAND	GIK
SAGDE	HELIKOPTER
FORSKEL	BESTÅENDE
TOMMER	FRISK
GALT	HELT

Puzzle 14

```
W S X Z V H F N D Z B H E C S
R E T N H U R O P L O D N C W
W F G O E D S O R Q E Q G S V
B J I L D N F H B F A O A E M
H C L E Æ F N R W U A R N R M
Z Z E M L W O F G D G D G I O
D Z K D K L I N J E R G E E H
W Y S N R E T E Ø N I G F R S
V E N A O D A L T J M W G P Q
I B A V F R V K E Ø Y H A Æ X
T F V A K O I I R A C R E R U
K F E L T F T T Ø Q V F H E R
A U D A T A O R K S I M R E T
E B L I I F M A K D W K Q C M
```

STOD

KØRETØJ

FORFADER

SERIE

FORKLÆDE

TERMISK

LINJE

AKTIV

PÆRE

ØJNE

FORDEL

ENGANG

VANSKELIGT

HUD

KUL

ARTIKLEN

VANDMELON

MOTIVATION

FELT

DATA

Puzzle 15

```
G U N U S M X L K N N R Y K I
T V L L P O U T V J O M S Å F
K U D U R U J L P M C D R L U
F E Q K A S K Y I Q P Z Z J D
I N I I N I L J I G T B H J C
H P S T G D C I L Ø H F P D Q
V I N D S T Ø D D R G E K D K
D K A N E L K Æ L E Z S D P V
N Y H E D E R A I D G N L L L
Æ A M S H A H E S T U Æ O X T
M O D G I T T A F K X R H U N
C F U K R Ø L L E T E G R F M
M T A T I C O U T A R T O G X
E E Y J S Y U L D X B Y F R H
```

VINDSTØD   KANEL
OFTE   CITAT
FATTIGDOM   ILD
FORHOLD   KÅL
SENDT   LÆK
SPRANG   MULIGHED
SLIDE   ULD
KRØLLET   RØG
NYHEDER   KASKET
GRÆNSE   MÆND

Puzzle 16

```
L K Q T B H E C F H N O T R F
A O Z I P U P S W K M S G P N
S K R D W L S E V E L R E V O
S D A S G S A N N U K L A K I
O P V P B E O A S C D G E V T
S X S L Y L W H Z X A Ø I E K
X B R A J H I S Z R L S H C A
W M O N O L B V F V F E E M R
Z Z F L P N Y P E N I B A K E
C N V U D R E D U C E R E C T
M E D I N T R O D U C E R E N
H E L D V X N N V U D D Ø D I
X K Y B K K G B S M H E B D S
U M B G N I N K S N Ø K Y L M
```

PENCASE
KABINE
KEDE
TIDSPLAN
BOLD
OVERLEVE
LYKØNSKNING
REDUCERE
KALKUN
KOK

MEDINTRODUCERE
BESØG
BLIVE
HANE
LASSO
UDDØD
HELD
FORSVAR
INTERAKTION
FLAD

Puzzle 17

```
J T M O M U W F K Z W L I A G
R N C R J O D L A X X Q S F E
A U V R M G D Y P O Z M I J L
F V D F B L X K I W Z O G V Z
H D E T D Ø F M T D U N I I U
F J D N E S R C A E E S Z C W
O U E S Y R F N L S E T T R F
R D H M S O L S K I N E T A F
E V R C O M P U T E R R E S S
N I E L A S T B I L Ø A M O D
K K K B A N G E R L J T H J F
L L K R E G N B U E H U Y V O
E E I F O R V E N T E R H M Z
I R S O P D A T E R I N G N F
```

FRYSE
MONSTER
LASTBIL
SIKKERHED
BØRN
KAPITAL
OPDATERING
HJØRNE
FORVENTER
FLY

REGNBUE
UDVIKLER
COMPUTER
MOD
SATS
BANGE
SEND
SOLSKIN
HJEM
FORENKLE

Puzzle 18

```
I  M  Q  L  J  N  J  T  T  F  I  R  D  E  B
L  A  F  I  W  Z  V  V  A  P  N  A  E  T  Q
K  S  D  M  X  P  X  M  L  P  T  K  T  G  Y
I  S  B  L  U  E  B  E  L  L  E  T  S  I  M
N  E  I  I  M  J  B  K  H  R  R  J  D  L  O
D  R  D  T  V  I  F  S  U  X  E  L  I  E  B
G  D  K  R  A  R  B  Å  I  H  S  A  S  G  S
A  S  U  E  A  M  I  M  C  O  S  K  X  G  E
N  T  N  L  B  G  O  G  Y  T  A  A  D  Y  R
G  O  S  T  Z  I  O  T  E  B  N  K  E  H  V
R  R  T  Y  X  A  Y  N  U  O  T  A  L  M  E
W  J  N  K  X  E  P  Ø  F  A  N  O  F  O  R
Q  F  E  S  S  A  M  R  R  L  P  N  I  B  E
P  I  R  W  I  J  B  G  N  N  Y  L  N  L  H
```

AUTOMATISK	OBSERVERE
OMHYGGELIGT	KAKAO
STOR	MASSER
BLUEBELL	GRØN
DELFIN	IVRIGE
BEDRIFT	LIM
DRAGONFLY	INDGANG
INTERESSANT	MÅSKE
MISTE	MASSE
KUNSTNER	SIDSTE

Puzzle 19

```
B R U G E D J V N Z P V U W B
H M Y A H U N A N C Å I X E E
D Z X T J B R S S H L G M E H
R S E D Ø M U K B A I T S K A
T U L N O R M S E M D I T E N
W H C Å A V I S S P E G A N D
B S D H F A N F K I L S V D L
E S Å L E D E S Y G I T N F I
S G I P G D A Y L N G E I Æ N
K W N Y I M T L D O M T N L G
Y W W U T B N V E N K M G L J
T E S H G C K H R Q B M K E I
T R V K I U I T W Z T H A S Z
E K O G R H Å N D K L Æ D E V
```

BESKYTTE
VASK
HÅNDTAG
BESKYLDER
HÅNDKLÆDE
WEEKEND
MØDES
RIGTIGE
BUS
BRUGE

PÅLIDELIG
HUN
FÆLLES
CHAMPIGNON
ORM
BEHANDLING
VIGTIGSTE
STAVNING
AVIS
SÅLEDES

Puzzle 20

```
T F Y S K L D G G A G I P R K
Ø R E L K I T R A T R W J Y V
V N T B K X F H A L E L R S A
E G I X L Q W S E C O R P T L
S O V E V Æ R E L S E P B E I
H A N D L E R E D A V N I N T
W G B S K F H B Ø I H U W D E
A G I L R Æ K Q K N S U N E T
V O N E O B J J X X Y Æ O Y U
X X D D A M S N E T F A R V S
T R U P R T M E R T S K E C O
U I P L R E T E M O M R E T L
Å R H U N D R E D E O N D T Z
N Y W S M J X O M S Z V E J I
```

ONDT
ÅRHUNDREDE
EKSTREMT
GALOP
SOVEVÆRELSE
BLOMME
TERMOMETER
TØVE
AFTENSMAD
DEL

ISÆR
RYSTENDE
KØD
INVADERE
ARTIKLER
VEJ
HANDLE
KÆRLIG
KVALITET
PROCES

Puzzle 21

```
Q X A B S Y K B Q X P R O O T
I A F H C O W A R Z I I E J R
M A N D A T L R M M U S R H A
F O R M E L T O U P Q I V A K
S V I N G L X R J D P K I G T
M A S T U H E B O F N O N L A
B B C R W S F D W F A Æ C H T
P A R T I K E L L F A G V W H
O L P H Y I J I Y I Q F S N N
F P I A C T Ø J L C T D I X E
C Q U L P N N Ø D V E N D I G
U J Q V V A F O R S V A R E C
M I N D R E T A L K M T V M F
K O N T R O L L E R E T W Y G
```

MAND
NØDVENDIG
TILDELE
RISIKO
BROR
TRAKTAT
BAR
FORSVARE
ANTIK
ØJE

HAGL
HALV
FORMELT
VIN
SVING
PARTIKEL
SOLO
MINDRETAL
KONTROLLERET
UDNÆVNE

Puzzle 22

```
O  Z  K  K  J  F  S  R  W  N  D  K  I  O  B
P  R  R  P  Q  V  S  X  A  E  D  Æ  R  T  L
M  E  N  A  V  M  V  J  V  V  B  L  A  E  A
Æ  K  I  T  I  L  O  P  F  R  G  S  K  T  N
R  K  M  O  D  I  F  I  C  E  R  E  T  L  D
K  Æ  K  A  N  A  R  I  E  F  U  G  L  E  K
S  R  I  M  B  A  S  E  B  A  L  L  V  I  D
O  T  F  O  R  F  Ø  L  G  E  P  A  M  L  P
M  E  T  I  L  S  L  U  T  N  I  N  G  D  L
H  R  D  Z  S  E  F  F  I  N  S  N  I  E  A
E  O  A  N  H  N  F  V  U  H  N  B  T  R  D
D  F  D  J  V  I  E  G  A  R  D  E  B  P  S
O  P  X  F  O  G  M  A  D  F  Æ  R  D  M  W
W  Z  P  D  H  E  U  B  V  G  T  A  U  I  B
```

VANE	BASEBALL
FORETRÆKKER	RIM
WEBSTED	KANARIEFUGL
ILDER	POLITIK
SNIFFE	ENIGE
BEDRAGE	FORFØLGE
FEM	MODIFICERE
BLAND	PLADS
TILSLUTNING	TRÆDE
ADFÆRD	OPMÆRKSOMHED

Puzzle 23

```
T  I  D  L  I  G  E  R  E  P  Q  A  F  C  B
J  X  O  X  S  F  G  E  E  L  L  E  V  E  L
R  O  K  Q  T  Q  C  W  I  T  T  M  Z  T  Æ
E  Q  N  H  E  W  N  C  R  U  M  Y  O  A  S
R  D  P  O  K  S  E  L  E  T  C  Ø  J  N  E
D  R  Ø  M  N  S  C  Q  F  T  E  T  R  T  Z
N  O  B  R  O  V  U  I  E  L  E  S  N  E  P
A  K  X  G  L  X  M  M  Y  I  M  G  C  G  B
V  K  Q  P  O  H  A  M  B  U  R  G  E  R  Z
F  A  N  X  G  I  L  E  S  D  U  L  P  G  V
V  E  U  Y  I  D  C  W  B  P  U  L  V  E  R
Y  Q  J  I  R  R  I  T  E  R  E  M  W  D  V
C  V  I  D  E  N  S  K  A  B  S  M  A  N  D
E  N  D  E  L  I  G  Q  Q  L  Q  B  Z  A  D
```

TIDLIGERE	PULVER
PENSEL	HAMBURGER
DRØM	ELLEVE
TANTE	SUM
BLÆSE	PLUDSELIG
FEJ	TEKNOLOGI
VIDENSKABSMAND	IRRITERE
ENDELIG	TELESKOP
AKKORD	BERØMTE
VANDRER	FERIE

Puzzle 24

```
T R I S T U Æ M N W D J M J F
P I C A X I V R A L K R H J Z
J S N X V A D L T K U V S I X
M A T E R I A L E E L A T F A
T M I A V T N A K O P L T P F
X Y B J X L F R H I P F K V X
S T A T I O N T R O P S O Q N
S S Y R E D N E K S O M H R E
G K A V W O W R O E P X R X M
S U B C O M P A C T F B C B N
C H O K O L A D E J P R L A R
H I R K F O R S Ø G J H E A E
U M B S U N D V E J R B T P N
K O L L E G I U M Q U U Z W Q
```

SUND	MATERIALE
FORM	ARTER
AFTALE	SUBCOMPACT
CHOKOLADE	STATION
PERFEKT	FORSØG
TRIST	KOP
SPORT	REN
VEJR	SIR
KLAR	KENDER
ÆRTE	KOLLEGIUM

Puzzle 25

```
C H A U F F Ø R C E T Y S G Z
D E L I K A T W O P P B G E V
K L A R T O D Q T P R X G N F
H A K K E S L L D I K R V N O
G A R D I N E R R L J H V E R
Y P F W D D K I R K E H T M D
G R A T I S U M X N C I I G Ø
O Q U N A P L R D U M N N A J
X W O J B T L F B I R D G N E
O V E R R A S K E D E E N G Y
I H D W H D F I K N E H T M B
Y L N W T L S E J L G N P J P
F L E V R O H X J U M S U D Z
O M T Y F S U R I Z S W Y C V
```

GENNEMGANG   DELIKAT
NEDBRUD   FIK
GARDINER   ENDE
KIRKE   MUS
HAKKE   OVERRASKEDE
TING   GRATIS
KLIPPE   SEJL
KLART   SOLDAT
INDE   FORDØJE
CHAUFFØR   JURY

Puzzle 26

```
U  B  H  H  T  S  I  V  E  B  R  E  V  O  T
Æ  I  R  E  K  S  I  F  H  S  I  N  I  F  T
B  L  Ø  K  O  N  O  M  I  U  B  K  D  P  K
L  L  Y  S  E  R  Ø  D  K  N  F  E  V  P  E
E  R  U  D  E  C  O  R  P  D  Z  L  A  S  T
A  D  P  W  D  G  J  E  U  S  X  T  C  R  H
G  X  J  F  O  V  V  D  B  K  K  O  Z  G  J
M  P  T  Ø  T  R  A  N  R  Y  D  L  U  E  T
X  P  D  U  H  K  H  Å  L  L  N  S  Q  B  X
Z  I  V  Z  M  H  E  D  N  D  O  D  A  G  T
T  G  Æ  V  J  X  Q  N  G  N  I  N  G  Ø  S
T  E  M  Q  D  G  J  I  M  I  T  A  M  E  T
S  T  C  X  X  J  D  C  U  N  A  S  G  J  E
N  Y  L  I  G  A  M  A  K  G  N  K  Z  H  P
```

ÆBLE	LYSERØD
INDÅNDER	DYR
ENKELT	NATION
VÆGT	NYLIG
ØKONOMI	SANDSLOT
FINISH	OVERBEVIST
PROCEDURE	HØJDE
TEMA	UNDSKYLDNING
BIL	SØGNING
PIGE	FISKERI

Puzzle 27

```
L Æ N E S T O L Q M B D K F W
O P S T I G E S B Y L I T O Z
W G F A T A Z S O S N S Q R U
N Y D E G R A D K T V K F S T
O X E X R E B E F E O I L T I
L F W F U O V M D R D N A Y L
L C B X P G T R V I T N T R G
A E E Z S C I O W U W E I R Æ
B Y S S Q S R F N M M J P E N
G K O B B E R E N U G V S F G
K I R S E B Æ R M G R Z O D E
V O R D E S E D E Ø C H U L
F S T K M P W X B I F Y V N I
G M B J U V Æ K S T T O G C G
```

REFORM
VÆKST
HOSPITAL
MYSTERIUM
BALLON
INDEKS
SPURGT
SKINNE
KRIG
KIRSEBÆR

CREME
KOBBER
GRAD
LÆNESTOL
FORSTYRRE
FEBER
TILGÆNGELIG
NYDE
OPSTIGE
GRØFT

Puzzle 28

```
I  B  S  G  R  Æ  V  L  I  N  G  I  G  S  F
N  U  K  M  B  Q  T  A  X  A  R  Q  A  T  O
D  D  Ø  D  I  L  A  R  W  L  R  W  E  O  R
S  S  D  I  F  X  L  E  L  G  U  A  I  R  U
A  K  E  D  I  L  E  D  B  P  W  W  K  E  D
T  A  S  Q  H  A  R  Ø  U  A  B  P  V  L  E
S  B  L  H  F  F  O  F  Q  V  L  E  L  N  E
V  R  Ø  D  A  G  M  G  T  I  T  E  L  F  B
T  R  S  E  K  T  E  M  M  A  R  G  O  R  P
H  E  E  R  P  E  A  L  E  B  A  I  R  A  V
Q  Z  T  S  E  H  X  Q  L  D  Y  N  M  D  Q
G  N  I  S  T  R  E  T  R  I  C  K  F  I  N
N  T  S  W  I  N  U  E  T  L  B  P  B  N  N
V  A  X  R  X  M  Y  O  Y  B  M  V  V  E  O
```

TRICK	TALER
STORE	GRÆVLING
SKØDESLØSE	FØDERAL
INDSATS	GNISTRE
TITEL	FORUDE
RAKLE	LIDE
BLID	UGLE
BILLE	PROGRAMMET
MISTET	BUDSKAB
VARIABEL	HEST

Puzzle 29

```
L  I  S  T  E  G  Ø  R  E  S  X  P  K  K  Y
D  R  V  J  J  P  T  K  Z  Q  N  L  U  A  A
B  I  L  L  I  G  L  Y  P  K  W  M  U  T  E
B  M  I  N  D  S  T  A  J  M  R  O  G  A  B
A  E  C  Q  A  M  T  P  S  Z  S  V  N  S  E
G  F  R  L  Q  C  H  R  C  T  J  L  I  T  S
F  Z  E  E  F  O  R  T  Æ  L  L  E  R  R  K
G  W  D  P  G  R  E  J  J  E  M  S  K  O  R
B  Y  N  C  K  N  A  M  M  Q  I  T  M  F  I
T  E  U  I  H  E  E  R  J  R  N  U  O  E  V
F  O  D  P  I  D  E  V  O  H  D  M  D  F  E
S  V  E  S  S  U  L  K  Y  C  E  M  K  E  M
Y  W  D  K  T  B  L  I  K  L  R  A  Q  V  F
K  U  N  N  E  E  S  K  Ø  R  E  Z  E  M  O
```

BLIK	SELVOM
UNDER	BEDSTE
LISTE	HOVED
FORTÆLLER	MINDST
BESKRIVE	MINDER
OMKRING	PLAST
CYKLUS	BEREGNE
KATASTROFE	SKØRE
KUNNE	BILLIG
UDEN	GØRES

Puzzle 30

```
M  L  B  P  A  E  U  R  Z  H  N  F  R  G  M
E  N  O  R  M  E  L  B  O  R  P  P  B  O  E
G  L  X  T  A  O  I  P  V  N  P  U  E  D  R
Æ  U  D  F  L  E  F  F  O  T  R  A  K  K  E
L  C  L  N  Q  D  Z  O  F  E  E  F  K  E  D
D  F  O  O  A  G  Q  N  Z  L  T  O  I  N  N
N  C  B  J  L  H  M  E  H  L  R  R  X  D  E
A  B  D  X  R  D  R  M  U  A  Æ  L  N  O  V
T  R  O  Q  B  G  Z  O  V  T  H  O  F  V  Y
V  I  F  S  C  D  N  A  F  R  S  D  Ø  I  S
Z  N  D  T  G  R  Æ  D  E  E  J  L  R  J  T
L  G  Z  Ø  D  J  I  H  W  L  W  N  S  Y  E
J  E  M  V  R  U  N  D  E  F  A  O  T  E  H
P  R  O  B  L  E  M  E  R  G  U  G  E  E  H
```

MERE	BRINGE
STØV	LAM
PROBLEMER	KARTOFFEL
FØRSTE	GRÆDE
FODBOLD	ÆRTER
PROBLEM	GODKEND
FORLOD	FORHANDLE
TANDLÆGE	FLERTALLET
RUNDE	ENORM
IKKE	SYVENDE

Puzzle 31

```
M T E N S M K Z E D H Q S K S
N Q S C Y R E K K U D T Q T P
O P E T D U Z N O I S I V K Ø
M W W O L U R V T V G B E O R
L Q R R I Y E A G A C V R N G
Q T B S G L T G K D L W E T S
S E N T E K N A B E S E C O M
O U K H N Z I J O S S L I K Å
S A M M E N V Y D I I Å F M L
P   M U L X E L E G B K I U L
B S L S A I N J C N A S L S Y
T K P A G E N K E N D E A I E
Y D G L V Q D R H D Z X V K Y
N Æ S E H O R N F Å R N K I W
```

DUKKER　　　　　　　BANKE
SYDLIGE　　　　　　MENTALE
DESIGN　　　　　　 SENT
GENKENDE　　　　　SPØRGSMÅL
ALENE　　　　　　　MUSIK
VISION　　　　　　 SLIK
FÅR　　　　　　　　 VINTER
KVALIFICERE　　　 SKÅL
SAMMEN　　　　　　KONTO
LAV　　　　　　　　 NÆSEHORN

Puzzle 32

```
S  P  D  R  L  K  L  K  E  F  J  N  I  W  B
I  K  N  X  D  L  U  M  O  B  C  V  L  L  L
V  G  J  D  R  A  Q  W  U  X  L  E  G  N  E
W  Z  I  O  E  R  Å  N  L  J  I  K  D  P  V
Z  C  H  E  R  E  R  O  N  G  I  T  O  I  H
K  A  O  L  U  T  A  V  I  R  P  J  Y  Z  F
G  Q  W  R  T  S  E  E  O  Y  A  V  Y  Z  O
G  X  N  O  A  E  V  A  R  M  E  R  E  A  K
L  W  A  Y  N  V  E  N  D  E  L  I  G  E  U
B  L  A  N  D  T  B  E  S  K  E  D  E  N  S
D  R  B  L  Æ  K  S  P  R  U  T  T  E  Z  L
K  Y  Ø  Z  O  R  W  Y  S  Q  B  L  K  Z  Q
I  M  M  M  H  V  J  K  I  A  V  K  F  Z  W
F  R  E  M  S  K  R  I  D  T  O  Z  Q  H  J
```

VEST	SKJORTE
BLEV	NÅR
BLANDT	BOMULD
BLÆKSPRUTTE	VIS
FREMSKRIDT	ENGEL
KLARE	ENDELIGE
BESKEDEN	PIZZA
FOKUS	NATUR
IGNORERE	SMØR
PRIVAT	VARMERE

Puzzle 33

```
R  P  J  F  T  B  E  U  D  L  B  T  E  U  O
B  E  R  M  L  L  A  V  E  F  A  M  I  U  E
E  R  N  I  O  R  Æ  V  D  D  N  I  V  O  L
S  E  E  S  V  H  Ø  R  R  J  A  K  T  K  E
K  B  B  K  D  I  T  R  O  F  N  G  T  A  M
I  R  D  C  A  Y  L  W  N  K  W  F  N  Y  E
D  O  N  K  H  A  R  E  N  J  P  W  I  L  N
T  S  I  B  Z  U  X  P  G  U  R  I  D  R  T
D  B  S  J  K  W  E  X  J  I  P  E  G  Y  S
L  A  U  Y  I  C  X  Q  B  X  U  Q  K  O  Y
Y  W  T  N  E  D  E  N  F  O  R  M  W  M  J
F  F  O  R  S  Y  N  I  N  G  E  R  B  S  P
P  N  E  P  P  K  Y  N  D  N  R  Q  B  L  J
O  D  Q  X  D  V  Æ  R  K  T  Ø  J  Z  B  D
```

OKAY	RENSDYR
BESKIDT	ELEMENT
PRIVILEGIUM	HAD
VÆRKTØJ	LAVE
NEDENFOR	FORSYNINGER
ABSORBERE	FORTID
HØR	OPFYLDT
VIND	BANAN
VOLT	RÆV
TUSINDBEN	FIRS

Puzzle 34

```
N G E N E R Ø S I T E T D U H
O A E V B E N Å D N I N G P V
T N O S U A W Q R C T O W K E
E D N E S G X R W B Æ A M G R
B Y M S I U G W R N N X K L T
O T Q H B W W E W L K R U G A
O G S P Ø R G E K S E N N E M
K P V E U M E Ø L B D S M S N
Q O B R X F U M J S K E V J J
F L O D H E S T I E T G Q U F
A N A L Y S E D V T B V Z E P
M O D S T A N D E R G L R D H
S E L L E R I A N D R E I X V
J V O V S F O R B E D R E K K
```

TIMER	VUGGE
GENERØSITET	MENNESKE
SENDE	FLODHEST
BENÅDNING	SET
MODSTANDER	HVERT
ANDRE	SKE
FORBEDRE	SPØRGE
ØJEBLIK	SELLERI
AGURK	TÆNKE
ANALYSE	NOTEBOOK

Puzzle 35

```
D P B D E K U C Z J S X C C T
N R D W K V Ø H S N E N Å M E
A E Å G E L É L W M W P A M
R A B B E R E N I B M O K J P
G U J B E S F L T G Ø P G R E
E L W Y T I S A S A T Y I O R
M Y S F S E A O R F R A L E A
S O K D E N J U V N B L M T
J P P P J K D N U K E S I N U
D H U D Ø B W R Q K S R V E R
U M F D H U I E W M N I I I L
G R S B I M C G K G Æ X R G I
H O C K E Y H E R O R S F B E
H I T Q K F E O D N G D O C E
```

STIL
MÅNENS
KOMBINERE
GRÆNSEN
SEKUND
KØLIGT
GELÉ
HØJESTE
HOCKEY
FRIVILLIG

DRÅBE
DUG
FRA
TEMPERATUR
EGERN
MAJROE
GRAND
TØMMES
FARVERIGE
SANDWICH

Puzzle 36

```
F U K O A N M I J U B B N O F
X O D S K O N E R Ø D N Å H O
F V R D X B F T L H Y L D E R
I A T R S L Z F I L U L F N V
M F V M E E R Æ M U E Z U Å E
C Y K L E S X H F V S M C M N
T C I Z O S T D A Q Y O I Z T
Y W R Z M A Y E K W J T R Q E
V B T N Æ Ø Y V T O P W K R D
C G Ø J L T R P U T H Z U L E
D C M J K M B E M O C A L F L
I N K L U S I V E L G P E F V
L Ø R D A G N U K V G D R C U
N E D S T I G N I N G F E V N
```

NOBLE	MIL
NEDSTIGNING	DØREN
VEDHÆFTE	HÅND
HYLDE	ØRE
FAKTUM	MØTRIK
FORRESTE	CYKLE
TOLV	LØRDAG
MELLEM	INKLUSIVE
CIRKULERE	MÅNE
FORVENTEDE	MÆLK

Puzzle 37

```
B E F O L K N I N G E S O R T
G W K S A N W L E S L E R Æ V
R C A L T A N Ø M M E R Y B B
S O K P H L V F L X K Æ C L N
C U M G Å H A T A T T M Z O N
X I P A S V R E D U R I A S O
H U L R U M I S E G I R S Q G
C N F D M B P R Z M S P A C K
K C X D B Q B F K M K W W U S
Y O D I L X F U P E U Q Z A W
D E G P O L I T I M A N D Q T
F C E L L E E Z A W F E P W X
M C E U M E K G S N F J T D B
H G N N Q H Y P P I G M Y D E
```

VÆRELSE	KOG
HYPPIG	CELLE
HULRUM	NUL
LØFTE	ALTAN
RAVN	SOK
PÅVIRKE	AMOR
ELEKTRISK	POLITIMAND
BEFOLKNING	PRIMÆRE
GED	SOLBÆR
LADE	SORT

Puzzle 38

```
X  B  D  C  K  I  T  I  R  K  A  Q  I  T  R
M  H  S  J  V  P  Q  T  M  B  B  J  Y  T  E
I  M  E  L  A  Y  O  L  B  K  G  V  M  W  P
N  J  T  O  R  E  D  N  I  V  S  R  O  F  R
U  S  N  T  T  P  E  X  B  H  C  N  D  B  Æ
T  R  A  S  A  N  O  P  Y  Q  E  L  S  Y  S
T  V  L  M  L  R  E  V  A  T  S  R  I  F  E
E  V  P  O  E  B  F  M  F  L  I  U  V  D  N
R  J  U  D  K  V  L  Q  G  W  G  L  E  G  T
V  I  S  N  I  N  G  O  Q  A  E  O  D  V  E
R  E  S  E  R  V  E  H  D  N  R  S  C  R  R
I  N  D  S  K  R  Æ  N  K  E  U  F  N  L  E
S  I  N  D  I  T  E  T  N  E  V  K  H  H  R
S  A  N  D  S  Y  N  L  I  G  V  I  S  O  G
```

MINUTTER	SOLUR
SANDSYNLIGVIS	LOYALE
BLOD	PLANTE
VISNING	FORSVINDER
RESERVE	KRITIK
DOMSTOL	STAVE
FRAGMENT	SIND
VISDOM	REPRÆSENTERER
INDSKRÆNKE	VENTETID
HER	KVARTAL

Puzzle 39

```
B T O L I P M S T M U E N P A
P J R W B C E P Ø R I D M O R
V T E O W B A Q R X P N N S B
L I V R P F M T R X I E U T E
F I R E G I D I T M E R F B J
V D U D W P S Q Y W D E F U D
M E K D I V H K V I N T O D S
I G L O F O D E R Y E U R C T
B Å D L B R E D D E G K S P A
C Q U B Y O I V U W N S K H G
L I D E R K R I D D Y I N K E
E V U M Z Z K P G D S D I X R
E O V P H H O E C X Q A N D G
P E R S O N E N T G W N G J Z
```

ARBEJDSTAGER
HVID
SYNGENDE
ODDER
LIDER
PERSONEN
POSTBUD
FODER
BREDDE
BÅD

PILOT
KURVE
FORSKNING
BJERG
TROPISK
VIL
TØR
DISKUTERE
FREMTIDIGE
VELLYKKET

Puzzle 40

```
S  S  V  Æ  R  D  Z  J  B  F  M  N  Z  O  G
F  E  B  Ø  K  H  G  E  N  T  L  E  M  A  N
A  G  K  E  F  T  E  R  A  V  S  A  A  K  A
R  N  S  T  G  R  Æ  S  P  L  Æ  N  E  O  G
E  A  M  P  I  D  A  M  E  L  Y  T  G  M  D
T  F  F  B  I  O  E  J  T  Z  X  R  I  P  E
R  D  R  F  C  L  N  X  K  S  X  A  S  L  N
U  N  E  D  R  O  N  N  I  N  G  G  D  E  L
E  I  D  G  F  F  H  I  F  F  D  I  U  K  O
N  M  E  J  I  R  L  L  I  A  R  S  R  S  S
D  D  L  Q  N  U  I  E  C  B  H  K  O  A  N
E  J  I  Q  G  K  G  I  E  V  W  Z  F  E  P
N  B  G  D  E  W  F  F  P  U  L  U  Q  V  Z
N  A  E  M  R  G  J  D  S  W  X  W  K  X  S
```

SOLNEDGANG
SVAR
FINGER
SEKTION
KØBE
GENTLEMAN
TRAGISK
EFTER
FORUDSIGE
DRONNING

ALF
FARETRUENDE
KOMPLEKS
INDFANGE
SPECIFIKT
SVÆRD
GRÆSPLÆNE
FREDELIGE
DAME
SPIL

Puzzle 41

```
T A R M X K R Q F N H N I D V
K E D A G Ø R N L A W K N O I
L D N M G Z C Z O R S Ø F M L
Q N H D I X Y X K R M K O I D
J E L E E N F B P E A K R N M
N N S H G N I N Æ R T E M E A
T G I A O Z S S F G W N A R R
L I M O N A D E T W H Q T E K
E L S H A M P O O R B B I N B
O M H Y G G E L I G A B O D G
P M Q K K O Q U A I E T N E Ø
C M G A M P S G N W E E I M R
Q C K M T K A A C P W F J O C
D L C P R E P A R A T I O N N
```

INFORMATION
FLOK
KAMP
LIGNENDE
OMHYGGELIG
GADE
KØKKEN
LIMONADE
BAG
REPARATION

GUL
GØR
ØRN
DOMINERENDE
SHAMPOO
TRÆNING
VILDMARK
ADMINISTRATION
TENDENS
NARRE

Puzzle 42

```
I  S  T  A  P  P  E  R  F  N  L  H  J  K  I
Z  Y  U  L  J  U  F  S  I  D  E  N  B  A  N
T  L  A  F  S  Æ  T  T  E  D  L  I  K  M  G
M  B  P  Q  Y  A  F  X  S  T  B  Q  X  P  R
N  A  A  V  T  L  F  K  A  X  S  H  Q  A  E
D  S  S  A  M  F  U  N  D  V  P  Y  Q  G  D
A  I  A  N  M  O  D  N  I  N  G  R  R  N  I
S  S  G  T  X  R  C  G  A  L  E  E  E  E  E
P  K  A  L  E  T  A  S  O  H  W  A  V  H  N
V  J  Y  R  M  M  Y  V  Z  S  X  L  O  O  S
U  A  V  D  V  D  A  M  P  L  U  J  D  Y  L
K  Æ  N  G  U  R  U  K  F  R  Y  D  U  N  I
I  N  D  R  Ø  M  M  E  R  M  U  D  R  E  T
M  P  Q  A  T  R  D  E  Q  L  G  M  J  C  R
```

VARM	ISTAPPER
KILDE	LYD
RYSTE	UDOVER
GALE	SAMFUND
KAMPAGNE	SKY
REAL	KÆNGURU
ANMODNING	SIDEN
AFSÆTTE	BASIS
INGREDIENS	MUDRET
INDRØMMER	DAMP

Puzzle 43

```
F  O  R  H  I  N  D  R  E  Æ  A  K  V  A  O
E  J  H  Z  E  T  K  A  T  N  O  K  S  N  V
O  V  E  R  F  L  A  D  E  G  I  G  M  S  E
T  E  S  L  E  R  Æ  V  E  S  S  A  L  K  R
T  F  A  R  K  M  N  X  F  T  A  T  E  S  R
D  I  R  E  L  A  M  M  E  E  R  N  J  L  A
S  Y  L  O  T  S  I  P  R  L  B  A  Y  L  S
E  T  M  F  J  H  E  R  S  I  E  T  F  G  K
R  E  O  C  R  I  B  H  K  G  J  S  X  S  E
P  L  Y  P  W  E  D  X  E  L  D  N  O  S  L
V  Å  D  H  P  A  D  B  N  R  E  O  R  H  S
N  M  B  K  C  E  L  S  T  R  Æ  K  K  E  E
F  Y  U  P  W  N  O  S  O  L  S  I  K  K  E
G  N  I  N  M  Ø  V  S  V  C  Z  J  K  K  F
```

TRÆKKE	FORHINDRE
KRAFT	MALERI
KONTAKT	SOLSIKKE
OVERRASKELSE	PRES
TILFREDS	FERSKEN
OVERFLADE	ÆNGSTELIG
VOLD	PISTOL
KLASSEVÆRELSET	MÅLET
SVØMNING	ARBEJDE
KONSTANT	STOPPE

Puzzle 44

```
V  M  V  Z  E  F  Q  K  R  Ø  M  K  Y  Å  G
T  A  T  O  P  V  J  Æ  Z  M  Q  R  Q  B  E
V  I  M  V  M  F  Y  M  P  N  C  Æ  I  N  N
L  A  D  P  W  N  L  P  T  K  J  V  S  E  E
W  Y  T  L  Y  S  D  E  D  C  E  E  Q  R  R
H  A  L  S  I  R  I  S  O  L  E  R  E  T  A
Y  L  Q  G  P  G  T  Å  G  R  T  Æ  D  A  T
U  W  V  N  T  W  T  G  X  H  T  L  N  N  I
I  N  V  O  L  V  E  R  E  T  Æ  X  I  A  O
M  O  D  E  R  N  E  V  U  Q  S  C  V  N  N
F  C  V  L  Z  G  P  R  W  D  D  S  K  A  J
A  I  Q  C  L  C  V  G  E  S  U  P  X  S  W
N  Æ  R  I  N  G  S  S  T  O  F  F  E  R  Q
N  E  D  E  N  U  N  D  E  R  H  A  R  E  V
```

KÆMPE   ISOLERET
NEDENUNDER   KVINDE
NÆRINGSSTOFFER   LÆRE
KRÆVE   GOD
TIDLIGT   GÅS
INVOLVERET   MODERNE
ÅBNER   GENERATION
MØRK   HALS
ANANAS   HARE
UDSÆTTE   VAMPYR

Puzzle 45

```
C  G  N  E  F  L  S  P  Z  H  Z  C  B  F  K
H  J  Æ  L  P  E  A  H  L  O  Ø  W  S  F  O
U  H  U  L  D  T  M  N  M  A  D  R  Å  K  M
Y  K  M  I  I  T  C  G  K  D  S  T  N  P
X  L  C  L  P  Æ  A  H  Z  R  B  E  S  O  L
K  X  P  G  L  S  L  S  S  I  D  N  D  G  I
L  W  A  S  O  T  E  W  N  T  L  I  O  L  C
U  Q  G  R  M  R  W  T  P  I  I  R  M  E  E
C  A  H  B  Q  O  T  I  L  S  B  G  Q  M  R
E  G  N  O  O  F  X  V  E  K  A  O  B  M  E
D  I  R  E  K  T  Ø  R  J  D  T  X  R  E  T
F  O  R  S  I  K  R  E  E  R  S  G  L  L  N
Q  V  Y  N  E  G  A  T  D  N  U  M  F  G  O
R  L  A  B  A  R  A  G  S  A  T  D  H  Q  O
```

UNDTAGEN
DIREKTØR
KNOGLE
GLEMME
ROBINS
LILLE
HJÆLPE
MODSTÅ
FORTSÆTTE
USTABIL

DIPLOM
DAM
SAMTALE
KRITISK
GRINE
PLADE
FORSIKRE
PLEJE
HØRT
KOMPLICERET

Puzzle 46

```
M E S T N E D L Æ J S O O I Y
H W F N G P P E X Y O M T V A
F C B A S O A S Y B U V C G T
X W R F P K T S F M M E R G I
M A V E N J A U K Y L N Y R U
A Y R L Q Z T R O G H D U P R
K Q G E D F P T M M L T I T X
I N U O J N O V P D S A J O C
T I L S T A N D L N I C D C G
I H L E B I S K E L F G B H I
T Ø J W Y H Q E T B A R N O F
S O T A N D P A S T A W F N T
A R H A S I T U A T I O N T W
K B A N S Æ T T E R F N Q E Z
```

BARN
SJÆLDENT
KAST
TILSTAND
FLEKSIBEL
GIFT
GLAD
ELEFANT
BRO
DIG

TANDPASTA
HOT
KAM
SITUATION
ANSÆTTE
TRUSSEL
TØJ
KOMPLET
OMVENDT
MAVEN

Puzzle 47

```
S  I  M  P  E  L  C  F  B  M  B  H  X  Y  F
J  J  H  R  T  E  K  N  I  K  A  S  L  J  N
W  G  T  J  E  L  T  L  K  C  O  N  X  L  V
Z  R  S  K  J  U  L  R  S  F  G  E  U  O  G
H  Æ  O  R  A  N  G  E  E  Z  T  Ø  X  E  V
O  S  M  P  M  L  A  G  Z  J  G  R  M  R  L
R  H  Y  O  T  Æ  D  I  K  Q  H  F  U  G  L
R  E  U  H  W  N  R  T  O  K  H  K  E  O  C
W  Z  K  Q  E  G  E  S  M  C  Ø  M  Y  B  T
Z  D  C  O  H  D  S  X  M  O  J  V  P  U  B
G  G  J  X  R  E  S  Z  E  U  E  D  D  D  A
D  E  H  K  Y  D  E  J  X  P  R  P  R  P  U
Z  O  V  L  A  B  N  M  D  E  E  W  E  G  V
S  K  I  L  D  P  A  D  D  E  U  B  V  A  G
```

FUGL	REKORD
DREV	SKJUL
SKILDPADDE	LÆNGDE
COUPE	FRØEN
MANUEL	SKIB
BOGREOL	ORANGE
TEKNIK	STIGE
ADRESSE	HJERTE
GRÆS	KOMME
HØJERE	SIMPEL

Puzzle 48

```
F M R E M M O K B K H A S I N
J E X N Ø E A K Ø P T C M M N
J N F R N G V I N C E H O J I
M E N L S G D H N T I D N O V
R G M E T Y Y R E D N I V K D
K R K Q E U O A Y Q E J J A
V O B N R S X E X H C T E Y G
Æ M E X Ø Æ K B W R H P O Y G
G R W W A G B T Y M K S T O R
L T A S N A L D R O K S E S Y
E R E R E P O E R D E L T A G
H D C C D V E G F O L B R M O
S O M M E R F U G L J Z O B Z
O X X S I B G S M E W K K Z V
```

MØNSTER
DELTAG
HVEM
MORGEN
SOMMERFUGL
KVINDER
JORDBÆR
KOMMER
DAGGRY
NØGLE

BØNNE
SKYGGE
KVÆG
ANSAT
MEN
NED
OPERERE
ORD
SKO
KORTET

Puzzle 49

```
L E G E N D E D K W M M Z S T
A F S N I T S Y I X F D E C R
V P O E O B A L P V Q S K D E
A O J E Z U K D T R I S Ø V N
R E V O Q R S Q K C F S I A M
S E R K L Æ R E R U R J I R L
E C E N T R A L Z F I Z H O K
L P I O X W E Y F K H N G R N
P O T A D I D N A K E H I R C
H Z O L F G F P N T D Z H E N
R U B E O R N R E K K U L T L
V E U W L T F W Y N R K A P B
F O R M Å L S T E G R B L L Z
B E V Æ G E L S E S T S X V I
```

FRYGT   FRIHED
DIVISION   POT
TERROR   FORMÅL
OVER   SAKS
BUR   TRE
LEGENDE   AFSNIT
VARSEL   CENTRAL
KANDIDAT   LUKKER
BEVÆGELSE   SØVN
ERKLÆRER   STOLT

Puzzle 50

```
S  G  B  I  C  R  A  F  D  Æ  K  N  I  N  G
T  A  C  B  F  N  S  B  Z  C  A  C  D  M  W
A  U  R  E  F  K  O  L  L  I  D  E  R  E  R
T  A  O  W  E  A  E  O  T  D  Å  D  A  V  E
G  Z  R  H  X  C  N  J  L  Æ  R  N  P  E  D
O  A  Å  T  Ø  R  R  E  T  K  R  E  O  S  A
D  V  N  V  O  J  S  A  E  K  O  Å  E  T  L
F  R  P  G  Æ  Q  A  N  R  E  F  T  L  L  R
F  B  O  Z  Y  R  L  T  E  T  D  S  K  I  O
S  T  Y  K  K  E  E  W  T  P  R  E  V  G  F
S  B  S  Æ  B  E  A  U  I  F  O  N  N  E  A
Y  H  M  L  N  A  U  E  R  E  R  E  L  O  T
C  Z  O  N  T  A  A  T  R  M  N  P  Z  B  R
D  A  F  W  D  A  P  V  I  S  C  B  N  P  F
```

STAT
LEOPARD
VÆRE
OPNÅ
VESTLIGE
KOLLIDERER
DÆKKET
GANG
IRRITERET
STYKKE

DOG
FORLADER
TØRRET
SÆBE
TOLERERE
ORDFORRÅD
ENESTÅENDE
SHOW
SJOV
AFDÆKNING

Puzzle 51

```
V A W R E T O O C S T J Y K T
M I S L Y K K E S V T R F K Z
J N Q Q G R P G U J E A K B V
B R A P P O R T K D J U N I O
R E G N I N T E R M X J H D P
O C L W Z E D N E Å G E R O F
C N S M L B Ø S T R Ø M P E D
C E M D O I L F J E R D E S R
O R K M T R B Y Q U D A H L U
L E N K S I T A R K O M E D E
I F P E R S O N L I G T J A R
Q N F I R B E N S K Y D E S J
I O C A Q M W X V N L D I A J
R K X U R B L A O X T I G N W
```

KONFERENCE	TROMLE
SKYDE	BEN
STOL	MAD
FJERDE	SCOOTER
FOREGÅENDE	PERSONLIGT
STRØMPE	DRUER
MISLYKKES	BLØDT
DEMOKRATISK	STAND
BROCCOLI	FIRBEN
RAPPORT	RETNINGER

Puzzle 52

```
B H H N A M A D F G Q I Q I S
A B V X O A O Q L Q C M P N T
W X E I Y G B T E D N U F G J
E D L K S L E N O M E N A E Æ
S S E D C A U N G R E V H F L
Q F K N M V C F S G L E O Æ E
I D I E I R O T S I H M O R S
S O L V J Q L A C L N R N A I
V Y R S D G W A U R O D X P K
Æ N D E R G W U L Å S P E D K
I K R G O B I A O U P O P T E
U G S L Z D T V G S J W I L R
J A K Ø W M S C R A I S R Z T
E V K F X N S H S Æ T G A I E
```

SIKKERT
HVER
HVIS
HISTORIE
VALG
FUNDET
INGEFÆR
MOTOR
FØLGESVEND
STJÆLE

ÅRLIG
BOG
ELEV
NOGENSINDE
MAN
ÆNDER
PAR
SOL
ANEMONE
SÆT

Puzzle 53

```
K  R  E  G  W  D  N  L  H  U  K  L  I  P  M
S  I  D  D  E  M  J  P  N  D  Z  C  H  Q  I
I  X  L  U  D  Q  S  S  Q  R  F  Q  K  O  L
T  G  N  O  W  O  C  S  L  G  T  C  P  P  J
I  P  B  A  D  G  E  Ø  D  I  Q  Q  F  V  Ø
L  N  V  Y  O  N  Z  V  R  X  P  L  O  A  H
O  I  O  O  O  G  L  N  I  H  V  S  R  W  E
P  G  F  V  B  R  O  I  K  W  W  O  M  N  N
E  I  N  D  L  Æ  G  G  K  T  G  N  A  L  F
N  T  I  V  E  M  A  X  E  C  Y  W  T  L  A
B  A  L  L  O  N  E  R  R  H  C  V  X  A  L
Å  O  I  E  D  L  A  F  B  O  N  A  E  N  D
O  R  N  Q  M  S  T  R  A  T  E  G  I  G  E
I  U  S  K  K  S  F  U  N  K  T  I  O  N  Z
```

FALDE	TYVE
SMELTE	LANG
HENFALDE	ÅBNE
SLIPS	BADGE
FORMAT	INDLÆG
KLIP	LANGT
MILJØ	SØVNIG
FUNKTION	STRATEGI
BALLONER	SIDDE
POLITISK	DRIKKER

Puzzle 54

```
N W K O M F O R T A B L E K O
E V S U B A B E A S Q B G O M
D X S Y N O A T T K Z U I N F
O P F Ø R E R N L I V J L C A
L H J Z Y D L E U L D W R E T
K W D V A Æ L C S Ø Y H E N T
L X T E Z L I M E B W B T T E
E M T M R G G T R E Æ R T R R
B W K R A F E T S D E B A E E
A K A D E M I S K K V O L R O
M Y S T E R I E R G S V N E I
N V F Y K T Z W Z B C U E E E
H Æ R A F F Ø R I N G P O D T
Q W O W G X O S R L O H C U C
```

AKADEMISK	HÆR
OMFATTER	RESULTAT
MYSTERIER	LIGE
KOMFORTABLE	SYN
AFFØRING	KLODEN
SKILØB	TRÆER
CENTER	KONCENTRERE
LATTERLIGE	BEDSTEFAR
DER	GLÆDE
ORLOV	OPFØRER

Puzzle 55

```
B J X O E E E C C I H H B L D
H E R E C I F I T N E D I B Z
E V V B O V E R F Ø R S E L D
A R M I O T P N W W E Å A H R
E O R N S S I R R J K L N U E
B T H R G E Æ E B R K R K R N
V O C V Z Y P T L A O W O T G
Z M E R J Z S N T Y S N M I C
B E T Y D E L I G E Z D M G E
F T W R W M S A H A R P E T B
K O N T R A S T A X J E M Q F
W I U I Q H A E N M V Z S Q C
U P G A P W L K S I T N E D I
V I R K E L I G H E D A L B X
```

BOSÆTTERE

SOKKER

VIRKELIGHED

BLAD

MOTORVEJ

KONTRAST

OVERFØRSEL

ALT

ARM

IDENTISK

DRENG

INTERN

HURTIGT

BETYDELIG

PIN

LÅS

BEVIS

ANKOMME

HANS

IDENTIFICERE

Puzzle 56

```
U D V I S E R K T K T U K H N
L S I A E K R F A D Z Z B A Ø
T O T I O S F Y V N V C S V J
J L A J X A A W T E G O N E A
S R G T T M D D H S R Æ V T G
L I E J K R O K O D I L L E T
I G N A K I V H J Z F E V F I
P Z B G B N M Y U V B V U F G
R E L L I P S E U K S N J A R
H K S A L T K A V U N E S R H
A C V P Z Q A L M H V W P T H
N Y S G E R R I G S H D W S M
K U Z I C N T E Y K S R E V O
A I C Y V M S Ø L V P L N N Y
```

STYRE	SKUESPILLER
NOGET	STRAKS
UDVISER	SOLRIG
NYSGERRIG	KAN
NØJAGTIG	TVÆRS
NEGATIV	EVNE
KROKODILLE	SALT
HAVET	MASKE
STRAFFE	SLIP
OVERSKYET	SØLV

Puzzle 57

```
Y M A H O F F E N T L I G E X
K B D Ø N T A K S U M M Y A G
Q Ø T Z U U M B K L H H R B R
Y L L L Z F W S E N E R E T P
G E I I T A N G R E B D K F X
C B F C G N A S E T R J I A S
D Q C F I E V O K S E D E L U
F O L K L O R E I I L Ø T S T
C L P V R B S I D L T S D I I
L D W T E Q X I E D G J I G D
Z G D N D H G P D R A A L E T
W S K L Æ I G Q F O V W S R W
W A J J H V B H U G J D M F A
R T X M O X O M K W Y J H W C
```

ANGREB
KØLIGE
VAGTLER
MUSKATNØD
DEDIKERE
ORDLISTE
BELØB
LIDELSE
FOLKLORE
SLIDTE

RYG
TID
SANG
HÆDERLIGT
SØD
SENERE
SIGER
OFFENTLIGE
FILT
VOKSEDE

Puzzle 58

```
S  X  X  T  D  I  V  R  O  V  H  Z  S  B  T
F  W  J  E  A  E  E  A  Y  I  H  L  T  E  E
I  T  R  V  C  N  T  H  H  T  L  S  R  S  N
T  Y  V  I  T  L  D  T  J  S  M  R  Å  L  N
S  T  O  G  S  L  Ø  B  F  O  N  D  L  U  I
C  T  A  L  M  S  F  H  Ø  U  P  X  E  T  S
I  M  B  O  A  S  D  Q  A  R  G  Z  N  T  X
V  H  U  B  L  O  N  C  V  M  S  P  D  E  H
B  Z  M  E  P  C  I  S  F  Q  S  T  E  K  K
W  L  J  E  G  I  L  N  Y  S  U  T  E  O  T
G  J  O  K  N  A  E  C  O  N  W  V  E  K  L
T  E  V  K  P  L  A  V  H  M  J  O  V  R  K
Y  M  I  U  K  S  M  E  R  T  E  L  I  G  T
G  E  S  D  M  E  P  A  P  E  G  Ø  J  E  G
```

HAMSTER	OCEAN
STIV	TENNIS
FOND	BESLUTTE
STRÅLENDE	USYNLIG
INDFØDTE	SOCIAL
BLOKKE	TANDBØRSTE
HVORVIDT	PAPEGØJE
SMERTELIGT	SMAL
HAR	GIVET
HVALP	DUKKE

Puzzle 59

```
A G I S S Æ M L E G E R U M V
H O Z Y D G R P V M A X Z E E
H V W Z L I A F F A L D H D Æ
O A Æ W W V L H D M U X O I N
V K N S J P A Q Q A I F L C D
E T Y D K E Z C M J X N D I R
R C J W E E Z K P V X X N N I
B S S J J L B W Æ Y F O I S N
E D U J T B N U N A L P N K G
V R S Y E T S D I V F E G U D
I A R A W T K A M E R A X Y K
S J U U L K T P O L I T I E K
E C K R A B R E R E K I D N I
N F O R T A L T L W H H G J U
```

BARK
MEDICINSK
VÆSKE
KAMERA
POLITI
KURSUS
UREGELMÆSSIG
SJETTE
VIDSTE
ALARM

PLAN
INDIKERER
ÆNDRING
MAJ
PÆN
OVERBEVISE
HANDEL
AFFALD
FORTALT
HOLDNING

Puzzle 60

```
G F O R E K O M M E U J A R W
T E T I T N E D I E N I R F S
O F N O I T I D U A D O E O Q
R R Y E R B A D W U T D R Å H
E E D V R E L P D T A L E A N
L G R I O E H O V P G J G C B
G I P E D Q L X Q N E G I W G
N D K K N R Å D D A L A D D E
A E E K J I F E D T S O E W N
M K V R R S F S O U E L R H T
N S R F A A I E D R S Æ D E A
D F C R X B B H D L L A N D G
S A N D H E D B Q I N Y O F E
O V E R V E J E E G V I F T E
```

VIFTE
REDIGERE
FOREKOMME
KRABBE
UNDTAGELSE
HÅRDT
GENTAGE
NATURLIG
AFSKEDIGE
FED

AUDITION
LAND
IDENTITET
SÆDE
SANDHED
OVERVEJE
RÅD
MANGLER
GENEREL
DEFINERER

Puzzle 61

```
B P L M Y L N B C C Q B M S W
U E Y Y U Y C H T J K O Q P R
N R K O V I V E R L H B N I E
D S K U Y O S C O R E G W D V
E O E T R E K A N T R B G S E
T N L K O V T Ø O M I R B E T
H L I I T Ø I N I A S N U O F
H I G L K R L S T E Ø A K L D
L G S F A P F K I Q I D R O F
I I T N F O Ø E B U G T A R S
R D E O Q P J D M I I J U V A
D L G K N H E E A R L X R Q H
P E C K B V J N D U E T S A H
U H F W L F G E V O R E P V B
```

RELIGIØS	HASTE
HVAD	TREKANT
SPIDSE	BUNDET
TILFØJE	FORDI
REVET	KONFLIKT
FAKTOR	AMBITION
ØNSKEDE	LYKKELIGSTE
SCORE	RIS
DOBBELT	PRØVE
HELDIG	PERSONLIG

Puzzle 62

```
R E S K U B Æ D L E Z B S F M
E Y F O R M O D E D E L T L A
L K S I P Y T C S O L J U Y T
L U I T M I M Y H L Q U D V C
E G C L E Q G K P R L F E E H
H G Æ B E D N E V Ø D U R N M
X W R Q A C E L F Q B J E D A
T E P K I N D S A M L E N E K
A F W I O B K J F V B U D F S
R A K K L N G A S G O O E W I
E Å Q Q O T E M L Ø M T J C M
V F D C W P F F Ø T X N G F U
J E G N S V F Q S R Y Y V U M
R E S L E G Ø S R E D N U F I
```

MAJS
MAKSIMUM
TYPISK
ÆDLE
RÅDNE
FORMODEDE
FLYVENDE
UDØVENDE
KONE
STUDERENDE

PRÆCIS
BUKSER
CYKEL
LØS
HELLER
MØL
UNDERSØGELSER
INDSAMLE
MATCH
RYSTEDE

Puzzle 63

```
B Y D E E V N E E S J E R R I
B U N U T L Z P U P F T G Q S
M Q T D N K N X L L R E M A Y
I P O I O Y Æ G F L Æ E A M K
L A I G K C R N D A B M R I C
P G N E D O M I L B S M K L Q
K Q P L O J E N I T L E E K W
M H T M U E R D G E E T D C T
C T R S S Z M H O K K S Z H Æ
F U E N P G Y O L S K R C I L
P W J N C U I L O A I G T P L
J Z S B H F U D I B T R Q S E
V G K A S S E N B K S I U J R
K A P I T E L Q U Q E S V K X
```

KAGE	GRIS
YDEEVNE	ILDFLUE
MARKED	KASSE
BASKETBALL	TÆLLER
STEMME	FASE
STIKKELSBÆR	BUTIK
KAPITEL	CHIPS
NÆRMER	INDHOLD
KLIMA	REJSE
BIOLOGI	MODEN

Puzzle 64

```
C O F P H G V E L K E N D T S
E S V A M U O S L J W O G N T
N Y F E T F Q D H A M Z M E A
G N L R R T S B D Y R E T D
E K Y E B V I V B I F Z T T I
L E F T Y U Å G F G D D S O E
S O S S D L Q G E U P H R Q I
K I H U C N M T E S M V Æ Y C
I P E J S E N F K T E H V O B
H U K O M M E L S E F A D M P
N Æ V N E R E G A L U Q D P L
D E J L I G T R L N B E J R V
M C P T N Y S N F L F H J I A
F O R S T Å E T G N Y D B S C
```

FATTIGE
PEJSEN
SYNKE
DYRE
VÆRSTE
STADIE
DEJLIGT
FAD
HAM
LAGER

VELKENDT
FORSTÅET
NÆVNER
FLASKE
NETTO
ENGELSK
JUSTERE
HUKOMMELSE
OVERVÅGET
GODBID

Puzzle 65

```
T A R K H L U O E E H V U U Y
G A D D I M R E T F E Å D K V
U K X G N I R E T S E V N I P
R O U A E Y U X E R K Y A E R
B M P B T N T A T V C J R Z O
V F U F S F K N N F N Q T Y D
Q O K I W I A J A B N L S L U
S R A V Q R R F K D X M D T K
V T Q E G W F G R Q S F F J T
S K U F F E A P I O K M H E I
L E K T I O N I F D Z G O H O
N A R K O T I K A J L D L D N
Q V K E U L I G X F B I L R M
K W B G T S A Q W H C K Y D B
```

STEN
SKUFFE
TAXA
KIWI
EFTERMIDDAG
KRAT
KOMFORT
NARKOTIKA
DOM
STRAND

BRUGT
LEKTION
INVESTERING
HÅNE
HOLLY
FRAKTUR
FIRKANTET
PRODUKTION
VAR
ULIG

Puzzle 66

```
A D L S I U G R B O O Q R R F
H G S W B D Y I X A X O A J R
U Y E I K E B D L F B J H H I
F M I N I N O N S U S T D L M
B S M R T D V I S E G N E T P
U N U I E Ø Æ N Ø E O Q T W O
G E M P L R R G R D R U T K R
T F S P T S D Z K U P I O N T
E N T Y A I T D E N C A Ø N Y
T U Ø A D I R O N K I K Y S B
R G J E E T S O R F H F D W M
A E L L E U D I V I D N I W S
T U B Y S G A Q C A T T I L L
S Q T F V D H J T G F F X N Q
```

FAVORIT
VÆRD
STØJ
OTTE
ØRKEN
RIDNING
AGENT
BUGT
SNEFNUG
UDENDØRS

KNUDE
INDIVIDUELLE
MYG
EGNET
IMPORT
STARTET
MUMIE
SERIØS
FROST
ATLETIK

Puzzle 67

```
M B T T V G M D O A H P R H J
R E M M O D U R Y R Æ A I A R
V O L U M E N L H N L R G N K
E D Z I D I K J D U D A E D V
K R Z X V X V K T U N P L L T
G T F T N H E J S M I L I I H
I Z D B L E K S U H N Y G N V
V D O O D Q I K Z A G B T G L
P C L M V N X T V I N D U E W
N G I Q Y K M T K U D O R P Y
Y S E W H V O R D A N N M L O
H A V D E I N V O L V E R E X
P R O J E K T K R O K U S L B
M O T E L Z I N G E N H E Q D
```

OLIE	HANDLING
PRODUKT	PROJEKT
MOTEL	KROKUS
INGEN	DOMMER
HVORDAN	INVOLVERE
AKTIE	HVILE
HAVDE	VINDUE
HUSKE	RIGELIGT
PARAPLY	VOLUMEN
GULD	HÆLDNING

Puzzle 68

```
R B G M G O X Z B Ø B U A Q S
Y E P P C M C I Y J O A T U L
P K X Q R U G T O E R F U W Æ
L E K N O Æ L N A B G H G S D
U R N F Z L F W B L E Æ C N E
H E U G N I N E M I R N V K E
D S O A E B I D Q K O G T H Z
E I K L U U S Å H K F I E P F
S N U F Z J V B I E R G F F A
P A P C X N A B O T O H Y W M
E G Y D M Y G K D X V E M X I
R R O M E T S D E B H D Q G L
A O P F L E R E B R A G T B I
T F N R K X A O M D G N L A E
```

ORGANISERE
SLÆDE
DESPERAT
UAFHÆNGIGHED
HVORFOR
ØJEBLIKKET
YDMYG
BRAGT
JUBILÆUM
NABO

HUL
MENING
FAMILIE
BORGER
ONKEL
PENGE
BEDSTEMOR
BÅDE
FLERE
FLAG

Puzzle 69

```
L W F T M A U D E R E F T E R
O J O J S I N O W S T E K S T
N O R R S Q D R O J L F V S U
A V B O L Z V A T U I A G Q N
B F L O C H I G N J Z Z N J H
B H I W P B G B R U G I I G R
U E V J K T E S V A M P L A E
K N E F L L S A F A U A M N L
A V P P K R E E B U B H A Z L
T I P K J R K Y T L R T S V I
R S O L M P V K Z L E Z R Y R
H E G E M R E D E L V W O T B
C Å B J C F N E G O N N F W J
K Y R E Q A S L A D Y B I R D
```

NOGEN

TEKST

SLANGE

TEST

BRUG

LEDER

UNDVIGESEKVENS

BRILLER

KAT

LEJE

VERBUM

FORBLIVE

HÅR

SVAMP

TYK

FORSAMLING

LADYBIRD

JORD

HENVISE

DEREFTER

Puzzle 70

```
X Q L R E T K N Æ T T U U N O
T L V K R L E S Æ U D V I D E
A Y G Y E R E T P E C C A A R
I C V Z R Z W N Ø L F N U P R
E G V S A A R F D G O Y U K U
W T E Z N U G E D I E U R N P
E L S N S X U L E L G A S R Å
F O R Æ L D E R P E O H Z T E
X G E L V Y T D R D X W E E G
Q Y U O C F G R I Ø Q Q B D Æ
M U L I G T A U M D M Y W I L
I U O E P A R E E F A N G S T
D Q W Z C K K A R D Y M D V C
A E O J X P R O E V X X H Z J
```

ELENDIGHED

FYRRE

DRUE

TÆNKTE

PURRE

ÆSEL

IGEN

MULIGT

SNARERE

ARK

FANGST

LÆGE

ÅRSAG

UDVIDE

LØN

UGE

ACCEPTERE

FORÆLDER

DØDELIG

DEPRIMERE

Puzzle 71

```
T G E N N E M S N I T L I G E
I S H I N P U T H E A U U K V
L T T A K O V D A J K D N B I
L A N T M Ø T B O L A K J C D
A N X R S M W C D K B W Æ W E
D D N A S C E R E T A L E R R
E A I P F V K R U D U S J Q T
A R G E N A N V E N D E L I G
L D M O P L E V E L S E P S D
D Y G Æ M S D B O K S N I N G
E A E K N J E L S P I L L E R
R D E N S G R P W U L E Q T X
N H V X V R D Q M O R T I F R
S H C A T D W E Y J V S R Y E
```

RÆKKEN   ALDER
MÆNGDE   TILLADE
RELATERE   MOR
SPILLE   HAMMER
ADVOKAT   SAND
STANDARD   GENANVENDELIG
INPUT   GENNEMSNITLIGE
OPLEVELSE   BOKSNING
TREDIVE   REDEN
TØMT   DENS

Puzzle 72

```
U F P L X K B Y D E W I O R C
I N T E L L I G E N T E P Å U
E M E X S P W N C S F G M B Q
H J L N I Æ Z I R T A I Æ E E
V A P M S O N R U Æ L J R P F
I O L T K C G L O R S Z K I T
L P Z E A K W H S K K V S G E
K X D Y R L Y Q S R R L O I R
Å W G G P U F H E L H Y M M L
R O N H A B W I R K A N I N A
R Y A X G V D I S S E H Q C D
A N S P Æ N D T M G E B C M E
N P T E M B E D S M A N D Y R
X H Ø J D E P U N K T Z L G Z
```

FALSK
ÆGTE
RÅBE
PRAKSIS
KLUB
RING
NÆSE
EMBEDSMAND
VILKÅR
GAV

HØJDEPUNKT
KANIN
LET
DISSE
EFTERLADER
OPMÆRKSOM
ANSPÆNDT
INTELLIGENTE
STÆRK
RESSOURCE

Puzzle 73

```
B E C S J H M U T S B F I X H
U O P H O K M D G M Æ W R L R
S T I L H E D F O A L Y J R D
M M E Y Q Y I W O G T R A N S
E R O T S U T O O D E H N E D
K R E N S L K M A N G E V A R
A L F Y S I S K K S E H L N A
N F A J D B V D O B Q N N E M
I T A V Q J I E U Q W F S R A
K M U W E Y L R C I G B V A T
E D F E J R R E R Ø H L I T I
R E K K U S E S S G P N W U S
S U B S T A N T I V V E G A K
U R N B E G I V E N H E D E E
```

SNART
DRAMATISKE
BÆLTE
VISTE
BEGIVENHED
ARENAEN
TILHØRER
SUKKER
FIX
FOD

STILHED
MEKANIKER
MANGE
LAVERE
DERES
ENHED
SMAG
SUBSTANTIV
STORE
FYSISK

Puzzle 74

```
N Ø J A G T I G H E D M T P Q
L D A J P M L B C K P C M N N
I M F O G J Z N R M A N D A G
U D D A N N E L S E Y O E I L
P M F B E P P A L S T S G R T
G A G F S P B V U S O I G E G
I W R M I L I T Æ R E B Æ D I
L D K T F I G F A I N U L A L
E Æ B U I O P H O L D N E L V
D M R T F E G L Ø D G D D L O
Æ H M E H E T F R Y L G Ø I L
L C A D R Z G Z I D J Å N T K
G N I D D I K S T P Y I L Z Q
S A M A R B E J D E A P E W R
```

KIDDING
TILLADER
NØJAGTIGHED
MANDAG
PARTIET
MILITÆRE
UDDANNELSE
LÆRER
UNDGÅ
LOVLIGT

AFGIFT
BISON
GLØD
GREN
SAMARBEJDE
GLÆDELIG
SLAPPE
SENG
ØDELÆGGE
OPHOLD

Puzzle 75

```
U  R  A  J  P  L  A  N  T  E  R  Z  I  T  F
O  P  M  D  S  I  X  V  Q  X  A  R  N  I  L
M  M  G  I  L  E  D  N  I  M  L  A  T  L  Y
T  P  K  H  N  H  O  P  P  E  W  F  E  F  T
W  T  S  O  E  D  Y  G  Y  X  V  I  R  Æ  T
R  F  L  B  M  D  R  T  A  A  I  S  N  L  E
I  Z  A  P  S  M  E  E  M  L  C  K  A  D  G
G  L  G  Y  P  H  E  M  Z  Q  Q  X  T  I  A
E  J  S  F  G  T  A  U  M  R  N  K  I  G  T
L  I  N  E  A  L  A  G  R  A  F  S  O  H  A
U  K  C  U  D  Y  Q  O  Ø  X  R  V  N  E  R
H  X  L  Z  N  Z  H  N  R  W  X  K  A  L  F
H  V  A  L  Ø  H  L  Z  P  H  Z  L  L  E  A
H  S  F  I  S  U  V  I  G  T  I  G  T  O  O
```

HVAL	OMKOMME
INTERNATIONAL	GRAF
PLANTER	HOPPE
ALMINDELIG	RØR
SLAGS	HELE
LINEAL	MINDRE
FLYTTE	VIGTIGT
SØNDAG	KRAMMEDE
RIGE	FRATAGE
TILFÆLDIG	FISK

Puzzle 76

```
M R T N F R K E Z J L R S Z T
F I V Y X U V N D K I I K N I
D X N E M X N O N N G D A X L
F Q H E R O N T U Q E E L Z S
H R F Q N E S A B O S S G T T
T E I A J G H H E F O D A O R
W E E G N O G L E M M O D R Æ
A P H S I S W B L A L R S O K
D W I J R V Z E J S C T N G K
Q U Z E T S E N E J T R O F E
L E V E N D E L P X C Q G T L
O F F I C E R L S R O Y A L I
T U J J E Z R Y X E L W M T G
D I S K U S S I O N H P W N Y
```

FRIGIVELSE	RIDE
SPEJL	TONE
ONSDAG	HAT
TILSTRÆKKELIG	RASENDE
NOGLE	NYE
TRODS	ROYAL
FORTJENESTE	DISKUSSION
OFFICER	LEVENDE
BUND	SKAL
MINEN	LIGESOM

Puzzle 77

```
B  T  Æ  R  T  F  A  L  D  O  M  O  B  C  T
E  V  E  S  I  R  K  V  X  K  Y  E  E  I  R
K  A  I  G  D  S  F  M  Ø  B  L  E  R  R  A
Y  R  V  S  N  A  F  K  L  A  R  E  E  K  D
M  B  A  Y  E  E  C  S  P  I  L  M  K  E  I
R  E  U  Z  K  S  O  V  P  Z  T  R  K  L  T
I  J  T  Y  S  O  W  Ø  H  C  T  T  Æ  M  I
N  D  V  R  E  D  B  M  L  A  C  M  G  P  O
G  S  T  B  Q  J  O  M  J  Y  B  I  R  C  N
J  K  T  E  E  N  Y  E  Q  Q  X  S  E  X  E
D  R  X  Z  M  V  A  N  T  E  R  S  T  P  L
S  A  X  I  X  P  E  W  R  B  K  I  N  J  L
F  F  U  U  Y  I  O  L  D  P  B  O  I  Q  E
Y  T  P  O  R  T  R  Æ  T  Q  H  N  V  Z  T
```

VINTERGÆKKER	VRED
COWBOY	BEKYMRING
TEGNE	CIRKEL
ARBEJDSKRAFT	TRÆT
TEMPO	TRADITIONELLE
KRISE	AFKLARE
PORTRÆT	PIL
VISES	MISSION
SVØMME	FALD
VANTER	MØBLER

Puzzle 78

```
U  P  P  H  E  G  N  Æ  H  R  Z  K  N  Y  J
Z  P  E  Æ  Y  B  A  B  P  D  V  O  Å  O  W
D  K  D  R  N  K  X  N  P  X  I  M  E  W  L
G  T  T  O  S  T  L  E  S  D  Ø  F  D  I  T
T  U  D  S  E  I  X  V  Y  K  X  U  E  V  C
Y  S  N  Y  X  M  L  V  O  I  E  R  P  D  N
M  O  R  A  L  S  K  L  S  T  A  R  T  E  N
E  F  D  B  K  E  D  N  E  R  Æ  V  U  N  V
A  F  H  O  L  D  T  Å  Q  L  Y  W  L  F  F
V  Æ  R  D  I  U  Q  L  V  S  H  X  R  A  T
B  M  K  X  K  V  I  N  D  E  L  I  G  Y  E
M  U  L  T  I  P  L  I  K  A  T  I  O  N  O
R  K  M  H  C  Q  Q  F  J  D  A  Q  V  L  R
M  O  D  I  G  C  G  K  D  B  B  H  H  T  I
```

BABY
NUVÆRENDE
MORALSK
VÆRDI
TEORI
PÆNT
TUDSE
KOMFUR
GANSKE
BAT

KVINDELIG
PERSILLE
NÅL
MULTIPLIKATION
NÅEDE
HÆNGE
STARTEN
AFHOLDT
MODIG
FØDSEL

Puzzle 79

```
B D I E W V T W B L H V S S P
N E R E M M O S E L W I J A E
F G K M P Q R C P B O E B Y D
O I R Y V U O Q J W J M X J L
R L O N M Y U S Æ T T E K H Æ
Æ N L U U R A B Y Q S Q G Å F
L Y I K E C E P O S I T I V L
D S G D S V V T V T O Y G M I
R G O V U R I R Y P M E L A T
E H B I M Æ N K T V Z Y W B J
E V P S K A T S M A R T E R E
I N S T I T U T I O N T L X L
E V E N T Y R L I G X Q W S Z
T A L R I G E T X O F F E R U
```

MUSEUM
POSITIV
TILFÆLDE
BEKYMRET
OFFER
NIVEAU
TALE
SYNLIGE
BLOMKÅL
ROLIG

INSTITUTION
EVENTYRLIG
KNÆ
JAGT
SÆTTE
SOMMEREN
SKAT
TALRIGE
FORÆLDRE
SMARTERE

Puzzle 80

```
W Y Q K Q F K C O C K T A I L
C D H I F M R Æ T N E M E L E
P L A N E T E R R M S W R Z N
E D N E S D N I W L Y C J M E
G A V T L N X R O C I J E K G
I U H S R E A G E R E G H Q L
D N N E H R G A R D I N H N E
B E S R M E L G F S Y Ø Y E G
S V J P P S J R R E N S L L D
S A C B I M V Æ E N C H F X S
O N O A X C X D D I K C E W P
E R I W J R E F A O K U A O I
U C B T Y F I R G R A O Q Y K
S P O R V O G N E R G T D H K
```

RESTEN
COCKTAIL
PLANETER
HEJRE
KÆRLIGHED
SPORVOGN
REAGERE
TOUCH-SØN
FREDAG
NEGLE

INDSENDE
GRÆD
INSPICERE
ELEMENTÆR
MEL
WIRE
VEN
GARDIN
SENIOR
SNIT

Puzzle 81

```
B U R H A B H G N I L M A S Y
R E G I P L G I W N B N K I L
C A V F C X A L M X S W E G M
X D L I M P F E X L Z Q Y A U
Q J E P S Q F K S R E D Y T N
D E N N E E E R B O C N L X D
G H J D X R L I Q T I W E D P
L X N A C Y N V Y N U H Q B X
K Ø L V A N D E T O J L I V T
M E D I E R W Q M K F H W G Y
K O N T R O L I D É X Z Ø O A
P U L J E R E C U D O R P N N
V U D E N L A N D S K E Z B E
R E T N I N G S L I N J E R U
```

SAMLING	PIGER
PULJE	IDÉ
RETNINGSLINJER	KØLVANDET
TYDER	KONTOR
MEDIER	BEVISE
GAFFEL	UDENLANDSKE
MUND	DENNE
HIMLEN	KONTROL
JUICE	PRODUCERE
VIRKELIG	HØNE

Puzzle 82

```
J  X  D  M  I  D  T  E  R  S  T  E  U  N  J
V  X  E  E  N  G  I  L  N  E  M  M  A  S  P
G  J  H  G  M  B  E  S  T  E  M  T  T  W  O
T  X  G  L  B  O  F  L  O  D  S  K  E  E  N
Q  N  I  Æ  Q  D  N  G  G  X  P  D  Y  G  U
R  K  D  V  X  M  K  S  I  T  K  R  A  O  D
S  S  N  O  Y  A  Q  X  T  W  H  A  R  R  V
R  L  Y  L  S  F  Q  O  R  R  F  K  U  X  I
V  A  M  A  E  T  V  L  U  G  E  W  Z  N  K
I  K  D  V  N  H  Ø  M  H  I  Q  R  O  M  L
C  I  D  I  Y  Z  D  R  R  R  U  W  E  I  I
X  S  W  B  S  T  Q  V  S  Y  X  Q  I  S  N
J  U  G  Æ  T  E  S  E  I  T  W  W  P  S  G
P  M  S  K  U  B  B  E  T  E  E  P  F  J  K
```

FLOD	UDVIKLING
VÆLGE	GÆT
BESTEMT	LOV
MISS	RADISE
MYNDIGHED	SKEEN
SYNES	ARKTISK
SAMMENLIGNE	DEMONSTRERE
SKUBBET	MUSIKALSK
STØRSTE	HURTIG
GULV	MIDTERSTE

Puzzle 83

```
L G Y T E G V N Q D R J B Z U
A X K L E J T H E V E P M A L
N E B Å V B X C U L T B N T J
D X T E L E F O N S S F A U A
M B P P J O B M M P Ø G O T T
A B N D D I Q R Z Q S V J S V
N O A F S H I W I H I T R N I
D L L T S Æ D V A N L I G E L
Q L L G I D A T S O A Y F I L
Y E Z P L E V E G I L L A D E
M R Æ K S F N F O R M E R E K
I X T U U V T D T B W C Z V X
H D Q G P E S L E D N Æ H B I
F O R S K E L L I G E K Æ D E
```

FORSKELLIGE	HUS
KÆDE	TIENDE
TELEFON	DEBAT
LANDMAND	JOB
VILLE	SKÆRM
HÆNDELSE	SÆDVANLIGE
STADIG	LAMPE
VÅBEN	FORMERE
BOLLER	SØSTER
HIT	ALLIGEVEL

Puzzle 84

```
S J S D S K E S N N E N I K A
K P J Y Q P J S H D W E W C K
E S X G E G I L T N E S Æ V L
A G A T N Z B S B I D R A G E
D A G I Å N Z G E T S Æ N M B
L G S G L C C V V P Y P H C A
F V O H T C M L I N W Q T P T
Ø F Z E E S L E T R O K R O F
R N I D V S E R K E M P E H I
L Z W L Q Y M E A T T D E X L
P B U I M D A T R S A G H E U
X P C L M X K T T K L N Q O Q
I M W M T W N E T E E X O G V
D E J L I G N R A Q K M R K W
```

ATTRAKTIV
DEJLIG
SPISE
EKSTERN
TABEL
NÆSTE
LÅNE
DYGTIGHED
DAG
HOV

KAMEL
FØR
FORKORTELSE
SYD
VÆSENTLIGE
SEKS
OMTALE
FILM
BIDRAGE
RETTER

Puzzle 85

```
K O N K L U S I O N Z E H M M
I N V I T E R E F S P S I V H
W D E Z I N D W C E U L N K G
M R W W F A L O L D L E D D Y
E Å L I V V M O C M L L B S Y
K O L Q S S N F I B Y Ø Æ N B
S L Q I P T S O K O R F R A T
I U A C N B H R A M B D B T B
S F Y R E G C V O F T E A L X
T D N A V T O I R I S M J E P
E B M Q E H H R L L X L X T Q
R S V L P E W R V Q D A Ø X E
E B N B L G Q E V A G P O R K
R V Q E U N F O R T Æ L L E E
```

HINDBÆR
FYRE
MÅLING
OPGAVE
TELT
FROKOST
FORVIRRE
VANDT
EKSISTERER
KONKLUSION

LIV
AFSLØRE
NAT
SVANE
INVITERE
MEDFØLELSE
SNE
FORTÆLLE
HEGN
BRYLLUP

Puzzle 86

```
B K V A C R J H N T U N F G S
R R X Æ M O P R O O W J E Y N
N Æ F Y G N S E R E U K A V E
B V V Y I M A G E R N U E N B
Q E W I F R A L U M R O F A O
C S E A Ø B T L E S Æ V W Z L
S H L Y L J S F E B L A N K D
T M A T G L A S V R E D D I S
Æ E I N E L G N I D I D E I Z
N B T N C M O T O R C Y K E L
D S G M T E R E M M U S P O N
E S D N I E G I T G I S R O F
R J V R H R T S T O P P E T K
O V P I V E R S I O N Y U U A
```

VERSION
TÆNDER
VÆSEL
STOPPET
SIDDER
IFØLGE
INDSE
FORSIGTIGE
OPSUMMERE
AGERN

INTET
DINGLE
MOTORCYKEL
BLANK
VÆGMALERI
EVAKUERE
SNEBOLD
CHANCE
FORMULAR
KRÆVES

Puzzle 87

```
G  S  K  E  L  L  E  I  C  R  E  M  M  O  K
E  A  N  R  T  C  I  S  G  O  H  O  L  D  Y
N  D  O  E  S  T  N  R  V  F  E  J  L  I  L
N  N  G  T  G  J  Ø  I  L  A  H  U  V  L  L
E  A  Y  N  N  E  P  T  Z  L  G  H  C  L  I
M  V  Z  E  R  E  R  T  S  U  L  L  I  I  N
S  G  M  M  H  S  K  T  I  G  E  R  O  T  G
I  N  H  U  H  Ø  C  L  I  H  D  F  O  R  K
G  I  Q  G  O  L  U  Q  A  E  Y  D  N  Z  M
T  R  Y  R  M  A  G  T  G  T  R  O  Z  D  C
I  P  P  A  B  R  U  T  K  U  R  T  S  H  O
G  S  P  T  R  Ø  F  M  E  N  N  E  G  A  R
E  D  L  O  H  T  E  R  P  O  G  H  Q  F  J
D  B  V  Q  A  R  G  A  J  H  I  Z  L  N  V
```

SPRINGVAND
ILLUSTRERE
MAGT
SVAG
KYLLING
KOMMERCIELLE
GENNEMFØRT
GENNEMSIGTIGE
TILLID
OPRETHOLDE

STØTTE
SAD
LØSE
ARGUMENTERE
PENNY
FEJL
KLATRE
HOLD
TIGER
STRUKTUR

Puzzle 88

```
T P D Æ K K E L K T E Y P R Z
I G F D O W L Æ L A K O L E K
Q Q A Y K E L B A U X D V G I
Q T X Z U B Æ E V A H R Q I O
M E S T M X T F E X B O I O V
N A P R E S K A R W E T G N G
E D O E N O E R Æ L U K R I C
R V M Y N V J L J I V B J L E
V O K S E N B I M A X I M T O
M P F P G Q O G U I K L C M L
D E C I M A L A R S F K Q X D
P U B L I K A T I O N Y E L Z
R E G E R I N G S T I D L B K
T Y N G D E K R A F T E N D D
```

MEST
FARLIG
FYLD
DECIMAL
DÆKKE
OBJEKT
JAKKE
TYNGDEKRAFTEN
LÆBE
FOR

VOKSEN
PUBLIKATION
GENNEM
CIRKULÆRE
HAVE
TÆLLE
KLAVER
REGION
REGERINGSTID
LOKAL

Puzzle 89

```
U D T R Y K K E L I G L Ø F M
Å D D E Y E J P M E U W E A I
F R Z G K R L P Y M Y R N U N
M A G A S I N E B E N Z I N O
L U F T N D B D N D G Z K S R
A S O D A H R K R D M J S L D
N F B E K E U Q Z A I C A Ø L
S F Y V I N D K L F G G M S B
V J X A R D T M O C O E E N J
A X P A E E B Y G G E R N I T
R J Z X M S Y Q X Y T I G N N
L U H P A G R A D V I S E G Z
I O S O L B R I L L E R R E T
G V I T A M I N E R O O G P C
```

FØLG
VEDTAGE
ANSVARLIG
AMERIKANSK
GRADVIS
VITAMINER
REGNEMASKINE
DRAGE
HENDES
SOLBRILLER

BRUDT
GRÅ
BENZIN
MAGASIN
NORD
ELENDIGE
UDTRYKKELIG
BYGGER
LUFT
LØSNING

Puzzle 90

```
L S Z W S M P R O L L E Z R G
J Æ E W U Å A M O D S A T T E
M S S F N N S N G V L U D C F
B Z E E D E T U R I I K O D W
Z F K N H D I L S S X Q M D C
J W S A E D N T Z S P W J P Y
P H P N D R A T K E N A S A F
Z V O S G E K V P R D T M Q P
U T R V K T P Æ H G W Å U H E
Q D T A Z S V R F G B L M W G
Z M T R C E J T X A H T M Z W
X E Y A Y M R I D D E R E E V
O J Z H L G R Æ S H O P P E W
X E I R T E Ø N S K E R P C J
```

MODSATTE
VÆRT
PASTINAK
FASAN
MESTER
SUNDHED
ØNSKER
NEKTAR
LÆSE
EKSPORT

ROLLE
ANSVAR
UDTALE
AGGRESSIV
MÅNED
ULV
RIDDER
GRÆSHOPPE
SLID
MÅDE

Puzzle 91

```
F U T B R X S V V B E H F R O
N A K Z E A T J U I D T U Y U
A B R G S N I U W H N Q N G Y
N E M G P T G C H T E K D R I
D Y B O E A N V P A B T E V A
E J T V K G I E Q E Ø F D Å K
R K O A T E N J V I L R L D T
L B E R L I G E C C I E O S I
E O M M C A V R Z Q P D H B V
D P G E T S S Q L S F J E M I
E I U H X E M M E T S E B O T
S S W E A T E R D S C B G D E
E R K L Æ R I N G R D R V E T
R A K E T L B T E R J A Q L J
```

FUND	RESPEKT
RAKET	VARME
BEHOLDE	STIGNING
VINKE	ANDERLEDES
SALAT	ANTAGE
VEJER	ERKLÆRING
BESTEMME	VÅD
FAR	ARBEJDER
LØBENDE	SWEATER
AKTIVITET	MODEL

Puzzle 92

```
G O F U D G A G B F K L M M B
A A S A N R N E P R A E U A E
S C V N Q E S E Q U T V A R S
K I P E R T I I B G E E F K L
R F W V Q R G T R T G S H Ø U
I D P N L Æ T R L I O T Æ R T
G H E R A L K R O F R E N K N
G R T K U N A T R S I D G O I
A L T E R N A T I V J S I L N
G H Æ I O R C F A Q Q G G O G
D U S A N H O L D E L S E N M
A Y D H P M X W N H I B K N W
W G N I L L I T S M E R F E P
E V I R K S L Y Q F Z V X N H
```

MARKØR	KUN
ALTERNATIV	ANSIGT
LÆRTE	PEN
SKRIVE	ANHOLDELSE
BESLUTNING	IRIS
GAVE	FREMSTILLING
INDSÆTTE	SKRIG
KATEGORI	LEVESTED
KOLONNE	FRUGT
FORKLARE	UAFHÆNGIG

Puzzle 93

```
T P Z T F F J E R N T M V P S
M Y D X T L U K S U S A B E I
I A T N E I T O V K N N F B K
V S R P M B J S A L G A L E K
J H O R M Z B T I W N G Y R E
W O W N A B N O H V E E D B R
S I G E K N O R Q F T M E D L
W T Q D S X G M G M V E V N Z
C R O A R Z O E O V Æ N Ø Q M
K Å N L O U N Q R W R T I H P
X Q Q G F H Y E M E K L Q M S
K U L T U R K I M D E H T E L
P R O F E S S O R N T J U I P
E F T E R S P Ø R G S E L H M
```

PROFESSOR
FJERNT
LUKSUS
LETHED
UFORSKAMMET
FLYDE
ARRANGERE
GLAS
KVOTIENT
LADEN

KULTUR
PEBER
ØVE
ÅRTI
NETVÆRKET
SIGE
MANAGEMENT
STORM
EFTERSPØRGSEL
SIKKER

Puzzle 94

```
E  R  Æ  K  J  H  V  R  D  S  I  P  L  Z  B
G  G  I  J  Z  T  A  E  Q  O  T  D  O  G  R
A  G  R  W  E  E  B  V  V  G  Q  I  A  X  U
D  F  A  U  J  R  Y  A  J  R  A  D  R  K  N
P  Å  M  I  N  D  E  L  I  V  I  C  Y  R  N
O  W  A  B  Z  K  H  O  T  E  L  E  U  T  E
K  K  N  N  W  G  A  D  S  L  E  S  D  Ø  F
O  S  T  O  L  B  S  S  E  T  D  N  Y  K  S
M  E  A  C  F  G  Z  W  T  L  A  M  R  O  N
P  X  L  R  P  O  U  G  F  A  Y  S  E  A  S
A  R  M  P  L  W  Y  Q  I  H  N  Z  T  W  Q
K  L  X  P  J  I  I  R  G  M  V  J  N  U  C
T  R  E  F  S  J  Z  C  E  R  Å  T  E  V  A
M  T  A  T  A  H  G  W  L  G  L  Y  R  R  H
```

CIVILE
KÆRE
TÅRE
BLOT
BRUN
SKYNDTE
KASTANJER
KNUR
GODT
NORMALT

STIRRE
LEG
PÅMINDE
ANTAL
RENTER
GIFTE
HOTEL
KOMPAKT
OPDAGE
FØDSELSDAG

Puzzle 95

```
F  S  T  E  G  A  T  F  O  U  M  L  C  Y  Q
O  G  K  I  X  W  O  B  A  N  N  P  E  S  U
R  F  J  S  L  A  H  A  B  R  M  A  G  H  M
Å  S  E  L  V  S  N  G  O  V  E  R  A  V  D
R  Y  S  A  R  E  T  E  M  I  R  E  P  R  Q
E  R  A  P  S  J  A  Å  Z  Q  G  D  C  O  U
T  L  G  A  D  Q  E  Q  E  T  O  L  T  L  U
V  S  V  Q  T  O  D  I  V  L  T  O  I  I  L
E  D  Y  B  R  O  F  Z  B  R  S  H  L  G  I
T  H  Y  V  X  R  M  M  N  Y  Y  E  G  T  P
Z  U  T  A  L  T  N  I  V  S  D  N  I  P  F
F  A  K  T  I  S  K  B  S  V  K  S  V  M  M
S  E  K  R  E  T  Æ  R  M  K  U  H  E  H  L
R  Æ  K  K  E  V  I  D  D  E  N  A  F  G  F
```

SEKRETÆR
FORÅRET
PERIMETER
RÆKKEVIDDE
ATOMISK
TALT
TAGET
GASE
FAKTISK
VAREVOGN

FORBYDE
HAL
ROLIGT
HOLDE
PINDSVIN
TILGIVE
SELV
FARE
SPARE
TILSTÅELSE

Puzzle 96

```
F  U  G  L  E  S  K  R  Æ  M  S  E  L  I  M
S  G  N  A  G  N  E  P  R  N  L  L  D  N  X
A  F  H  S  X  C  Q  C  M  R  Ø  O  C  T  E
M  K  E  T  O  I  L  B  I  B  G  W  Z  E  L
M  F  O  P  E  M  Æ  R  K  E  N  J  F  R  L
E  Q  O  M  B  R  U  S  E  B  A  D  R  R  I
T  H  V  L  M  F  A  O  J  B  S  U  A  U  P
S  A  J  G  D  U  P  O  I  A  U  L  K  P  T
T  B  N  L  B  D  N  F  H  K  C  K  K  T  I
M  P  C  D  A  D  Q  I  F  K  C  M  E  P  S
E  V  A  L  U  E  R  E  K  E  E  T  W  Q  K
S  P  R  E  D  N  I  N  G  E  S  I  F  B  G
T  U  L  I  P  A  N  Q  F  A  R  G  O  I  B
Y  X  Q  Y  Z  N  W  A  N  E  X  E  M  R  U
```

ENGANGS	ELLIPTISK
FOLD	BIBLIOTEK
INTERRUPT	BRUSEBAD
TAND	EVALUERE
SUCCES	BAKKE
KLUD	BIOGRAF
SAMME	LØGN
MÆRKE	FRAKKE
SPREDNING	TULIPAN
KOMMUNIKERE	FUGLESKRÆMSEL

Puzzle 97

```
H S A S N H W T T U N I M H V
U Æ V F M K A G P R E K N Æ T
Y S I B G E G S R G A L V L U
E O S L U J E W T N D V A D L
N N K O A L O O N I W T L T I
D Y E M H A X R M R G H X T L
E Z L S U T M Q T E I H O O L
H E Æ T R E N F D L L M E I A
A Z D V K D G Z Q U N A S D X
H R E T K A R A K G E S S R Z
I X R B V F N U H E V K E B C
S Æ T N I N G R Q R I I R D F
S K O L E T A S K E Q N P O Y
E K S P E D I T I O N E I M I
```

VENLIG	END
PRESSE	REGULERING
MASKINE	DETALJE
SÆTNING	AFGJORT
EKSPEDITION	TRAVLT
TÆNKER	HÆLDT
LILLA	KARAKTER
SKOLETASKE	HASTIGHED
BLOMST	SÆSON
MINUT	VISKELÆDER

Puzzle 98

```
F X O E D A Z K Y H J R F A M
O F X L N O N B A G T T O J G
R Y D A A V A D V F Y K R J A
T C K N M E D T E Z F V S F L
R T M O D J Å A G N B E T W Y
Æ J Z I N Z S S E R O V Å W S
N T Æ T A K T K B R Ø D M T L
G F M A R N U E V I G T N Z C
E B A N B X B R P O P G G M B
Q A D B A K S B R S A S X A G
Z H B R E T A E T E I F Z D O
E S L E G Ø S R E D N U P L M
W C S V B E S Æ T T E C L L E
L H T T N E M E G A G N E T S
```

VORES   LYS
SÅDAN   FORSTÅ
BREV   UNDERSØGELSE
BRØD   TÆT
ANDEN   NATIONALE
GIVE   SKAB
KAFFE   BRANDMAND
TASKE   BESÆTTE
TEATER   KONKURRENCE
FORTRÆNGE   ENGAGEMENT

Puzzle 99

```
S  B  R  U  T  Å  G  S  T  P  T  O  G  R  P
H  K  Y  A  I  Q  L  C  I  H  D  X  H  K  A
E  F  E  G  D  L  V  X  L  E  V  R  A  F  T
N  O  G  L  N  I  R  Y  B  J  K  A  B  M  I
G  R  A  E  E  I  O  Q  A  W  T  W  F  C  E
I  N  T  F  V  T  N  U  G  D  E  M  S  S  N
V  Æ  I  F  O  Z  T  G  E  V  Z  Q  T  I  T
E  R  H  Ø  D  L  X  R  V  R  G  K  I  E  Z
N  M  P  B  M  G  P  Å  E  T  F  R  L  W  Z
H  E  L  G  B  N  F  R  N  Æ  Y  U  L  U  O
E  T  H  J  O  R  T  E  D  P  G  S  E  Z  M
D  K  O  I  R  P  V  T  E  P  H  J  Q  Y  N
J  U  I  Q  H  H  Q  F  N  E  P  W  Y  S  X
S  R  I  T  R  N  L  E  P  M  E  S  K  E  S
```

BYGNING	DOVEN
RADIO	FORNÆRME
BØFFEL	DEM
TAGE	STILLE
PATIENT	EFTERÅR
GÅTUR	TILBAGEVENDEN
HJORTE	EKSEMPEL
KRUS	TOG
FARVEL	HENGIVENHED
SKELET	TÆPPE

Puzzle 100

```
P  U  I  I  H  Y  S  I  H  Ø  F  L  I  G  B
Ø  R  N  A  D  V  A  R  S  E  L  A  T  N  A
D  Q  O  D  F  Y  R  X  V  O  O  H  R  I  G
E  Y  R  F  R  G  B  T  F  Q  O  B  E  L  A
L  Q  T  R  E  E  S  L  E  G  A  D  P  O  G
Æ  B  W  L  O  S  T  A  Ø  B  A  E  S  P  E
G  R  E  D  D  I  S  E  B  D  W  K  K  S  R
G  E  M  S  K  R  L  I  W  Z  E  X  E  E  U
E  T  M  J  I  P  A  H  O  Z  W  R  D  G  M
L  S  O  U  L  O  R  I  O  N  B  Z  E  A  A
S  M  S  Y  B  U  Q  H  K  N  E  K  L  B  E
E  O  N  P  Z  P  W  Y  W  E  W  L  M  L  B
G  L  E  V  W  H  O  U  R  V  G  O  A  I  L
W  B  O  R  D  E  N  X  K  M  Z  F  S  T  B
```

FOLK
BESIDDER
SAMLEDE
UNDRE
ØDELÆGGELSE
EKSPERT
HØFLIG
ORDEN
FYR
TILBAGESPOLING

BAGAGERUM
KED
ADVARSEL
PRIS
PROFESSIONEL
BLØDER
ENSOMME
TRO
OPDAGELSE
BLOMSTER

Puzzle 1
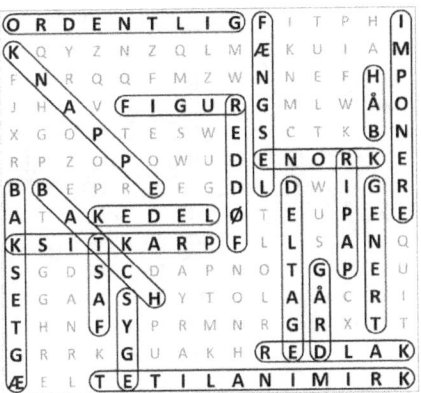

Puzzle 2
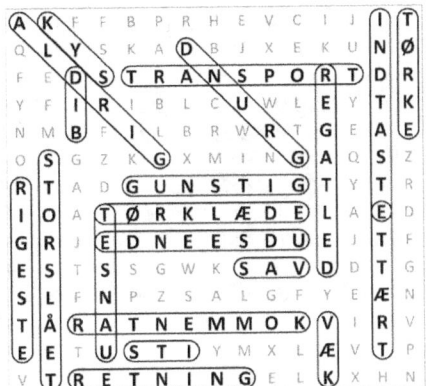

Puzzle 3
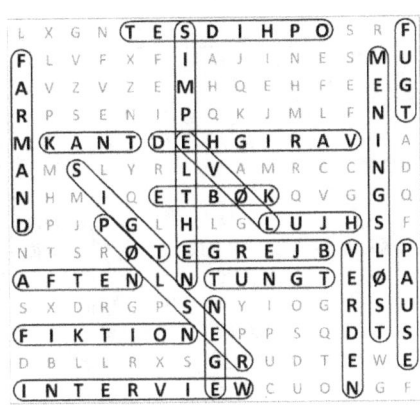

Puzzle 4
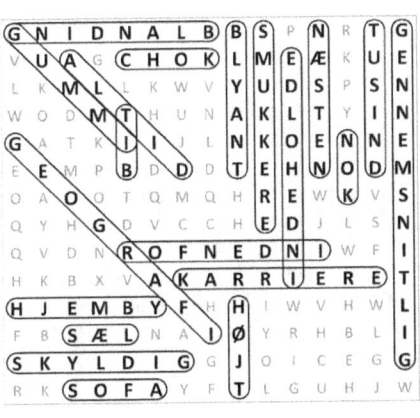

Puzzle 5
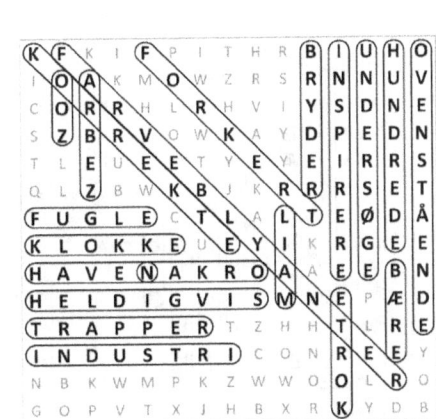

Puzzle 6
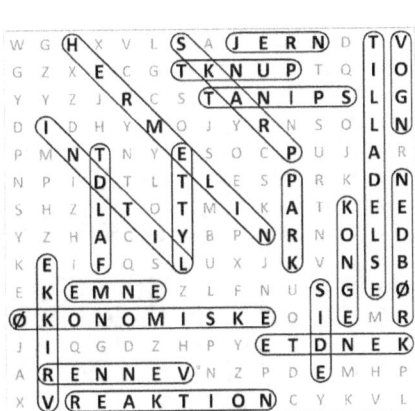

Puzzle 7
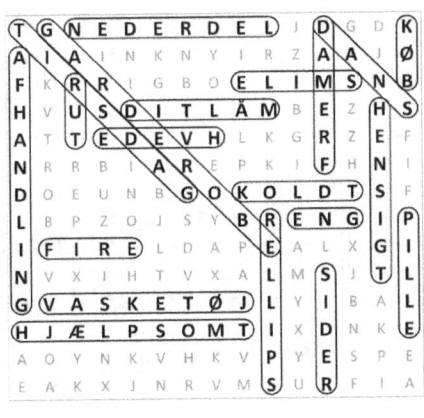

Puzzle 8
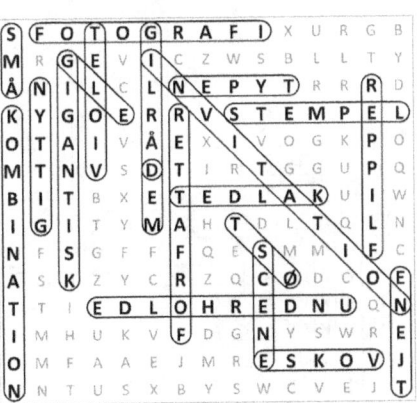

Puzzle 9
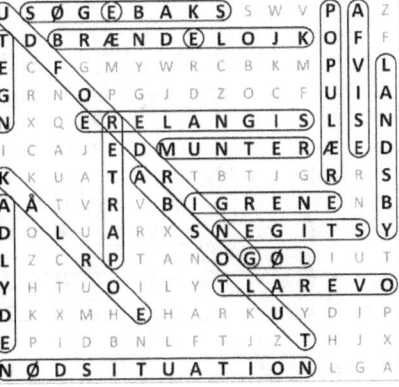

Puzzle 10

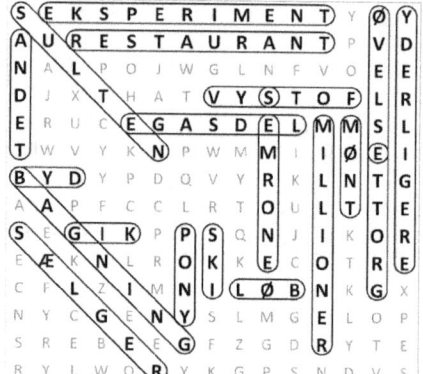

Puzzle 11

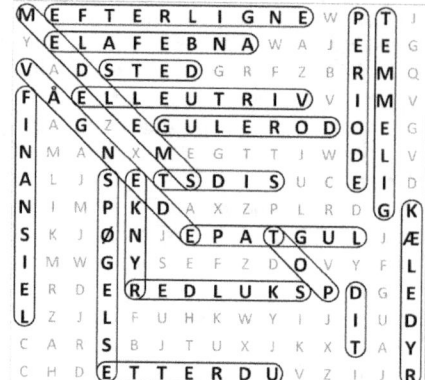

Puzzle 12

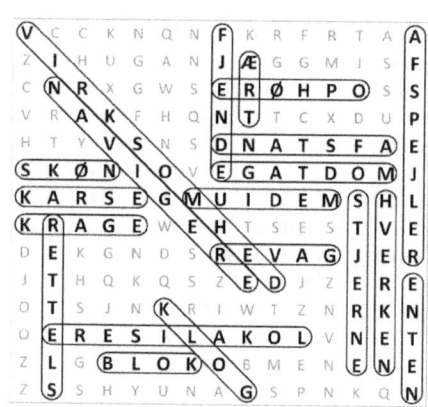

Puzzle 13

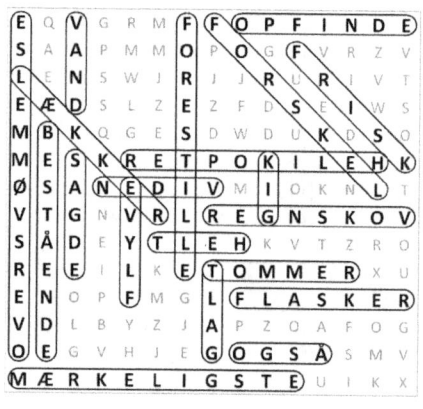

Puzzle 14

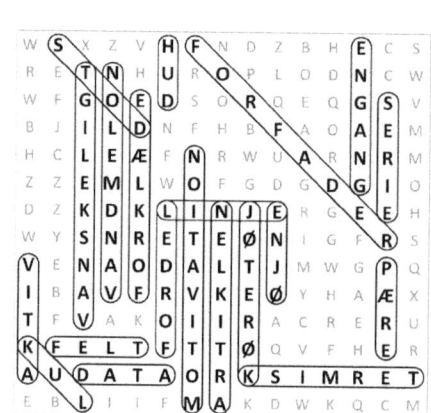

Puzzle 15

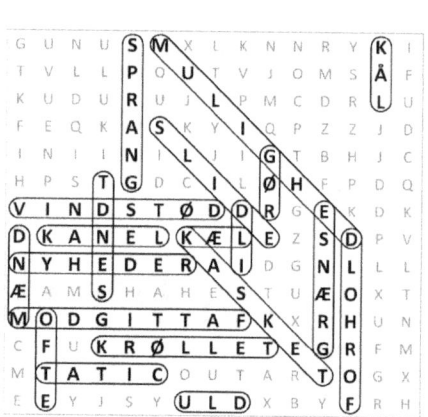

Puzzle 16

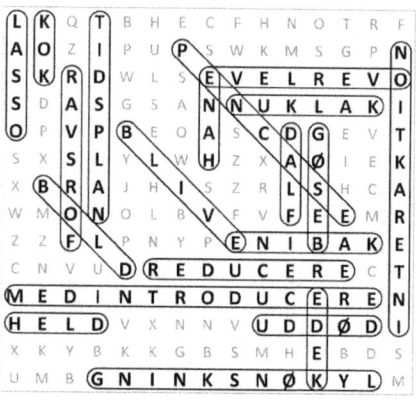

Puzzle 17

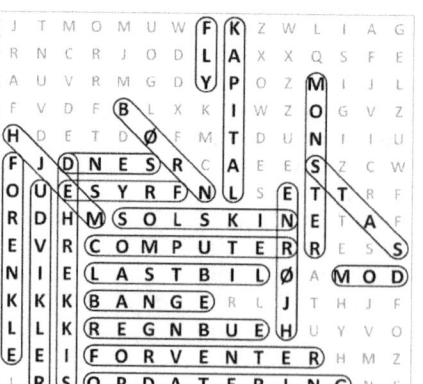

Puzzle 18

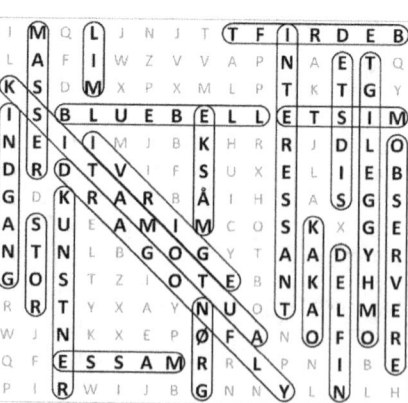

Puzzle 19

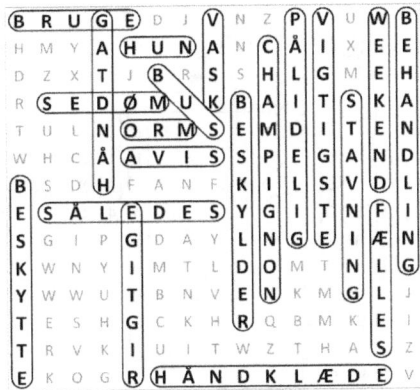

Puzzle 20

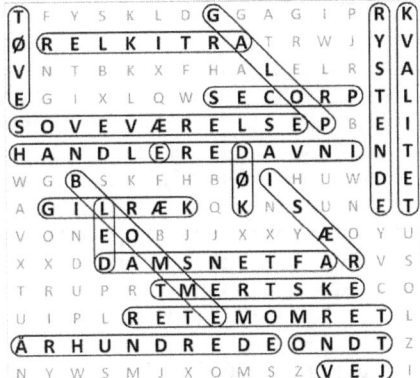

Puzzle 21

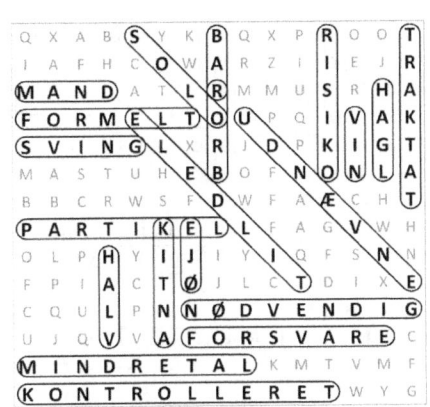

Puzzle 22

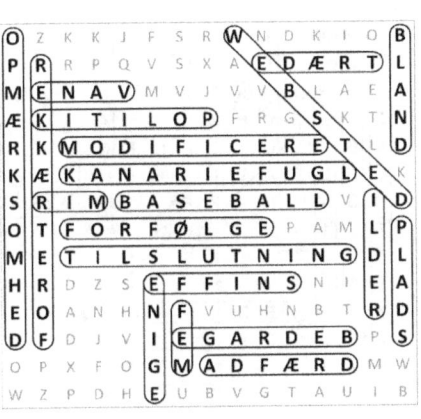

Puzzle 23

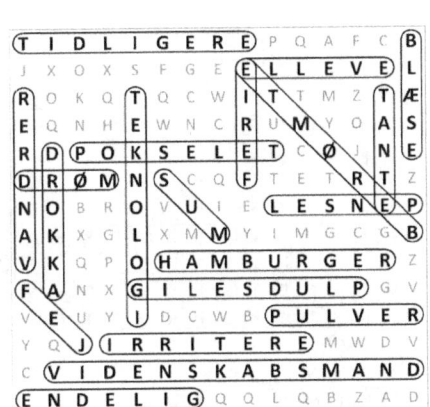

Puzzle 24

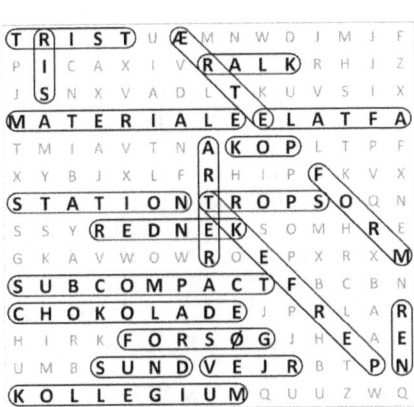

Puzzle 25

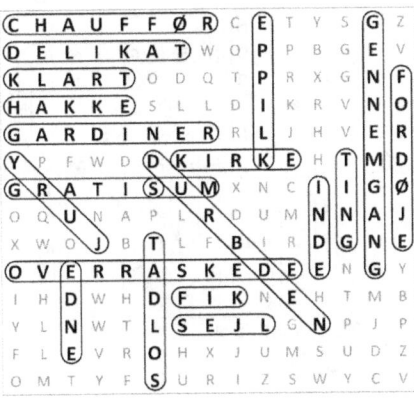

Puzzle 26

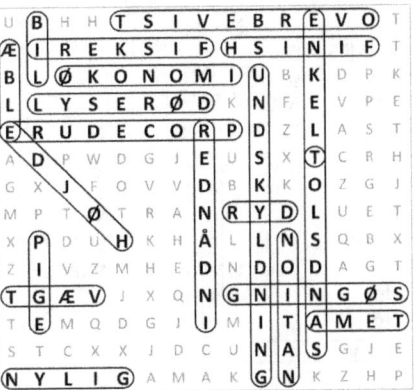

Puzzle 27

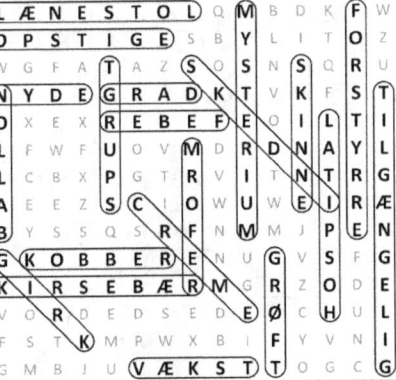

Puzzle 28

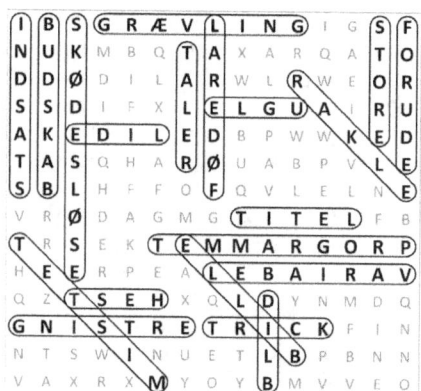

Puzzle 29

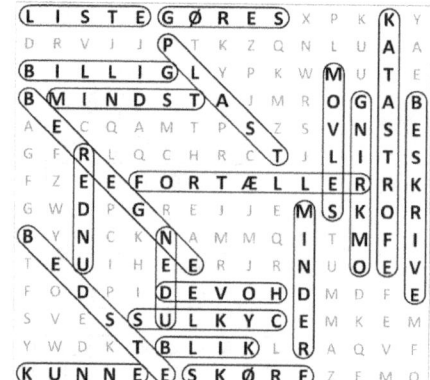

Puzzle 30

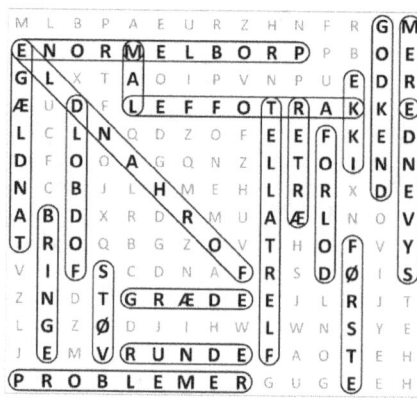

Puzzle 31

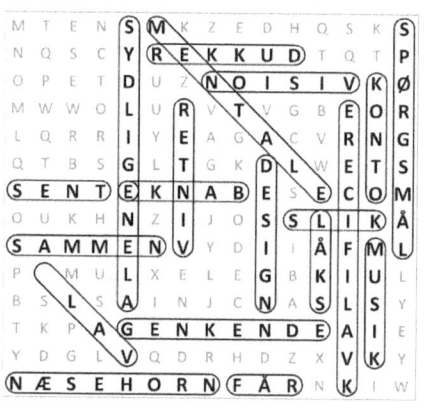

Puzzle 32

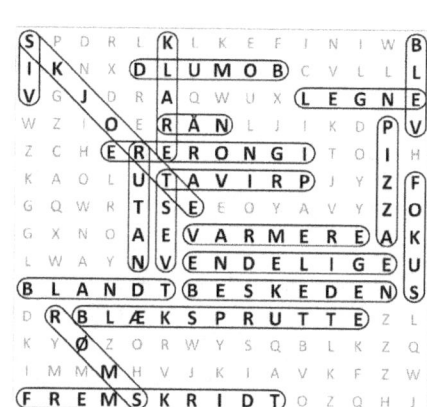

Puzzle 33

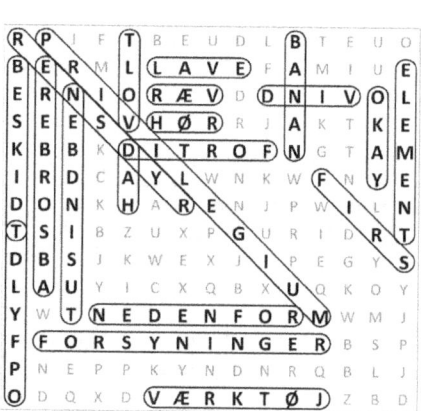

Puzzle 34

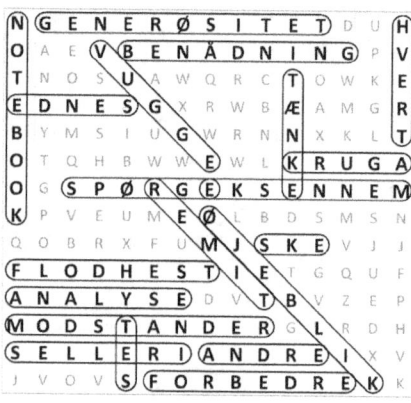

Puzzle 35

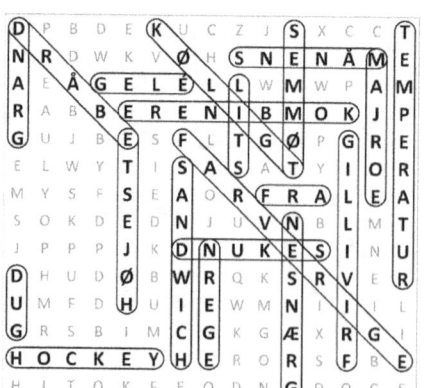

Puzzle 36

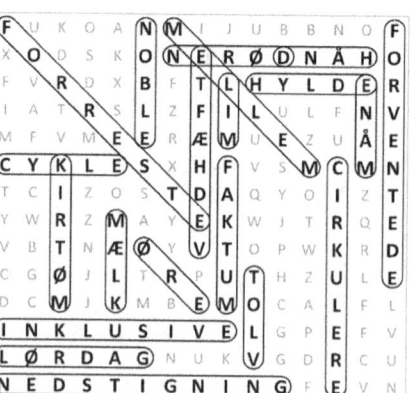

Puzzle 37

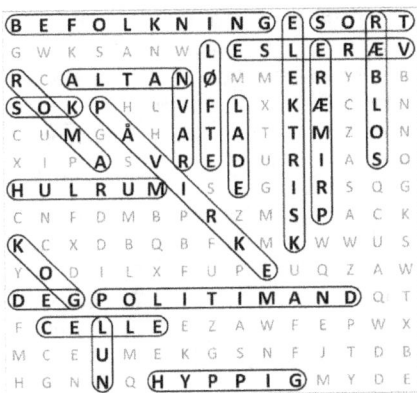

Puzzle 38

Puzzle 39

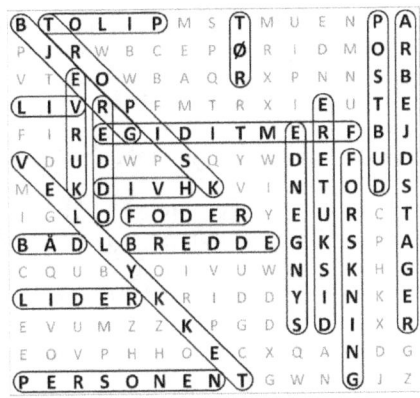

Puzzle 40

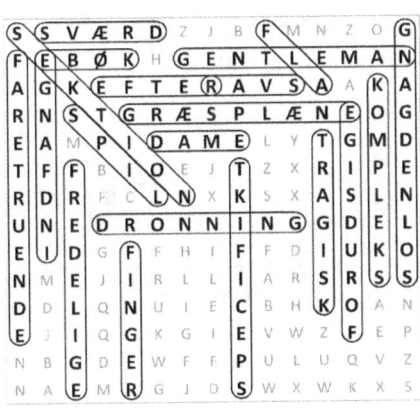

Puzzle 41

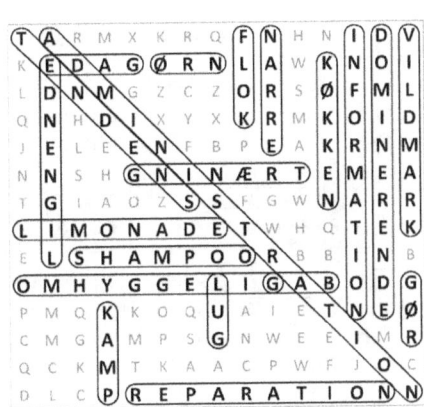

Puzzle 42

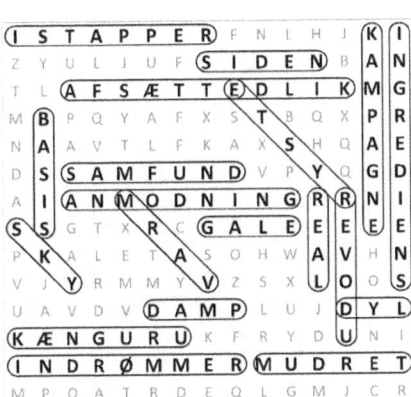

Puzzle 43

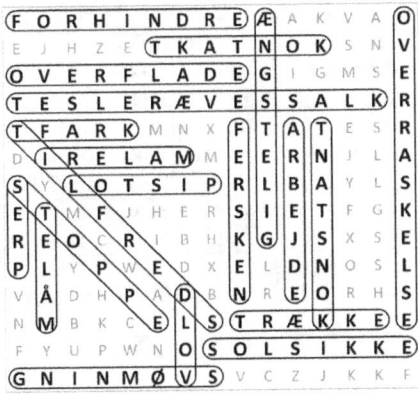

Puzzle 44

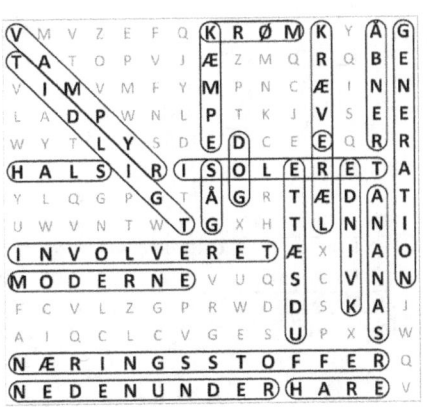

Puzzle 45

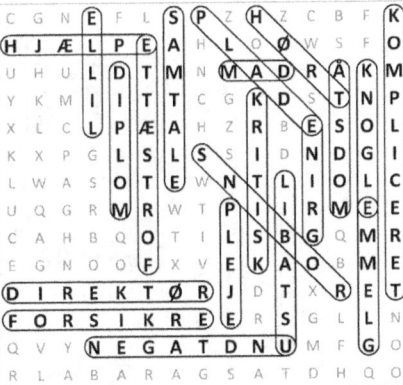

Puzzle 46

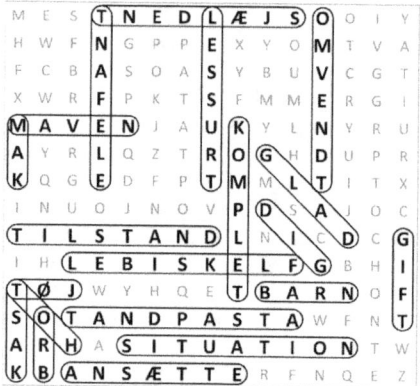

Puzzle 47

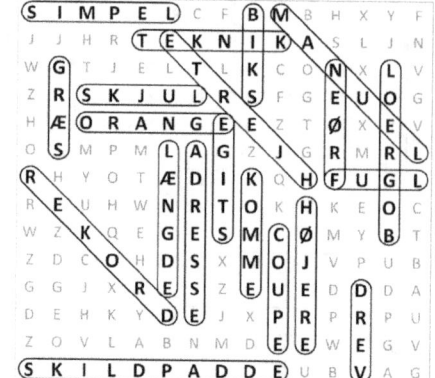

Puzzle 48

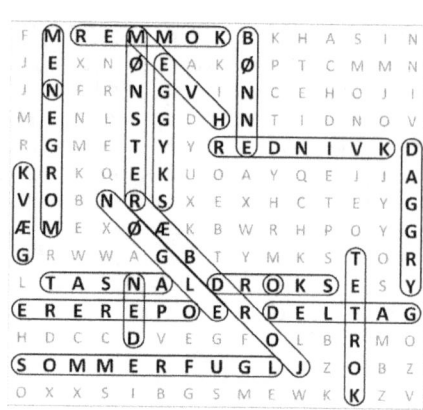

Puzzle 49

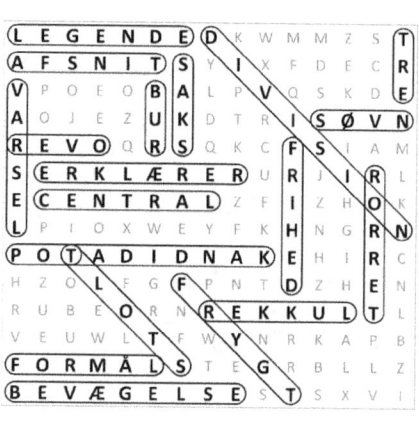

Puzzle 50

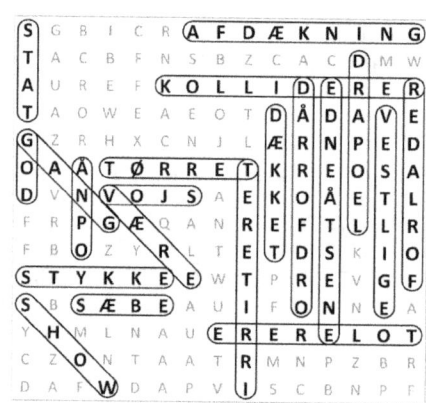

Puzzle 51

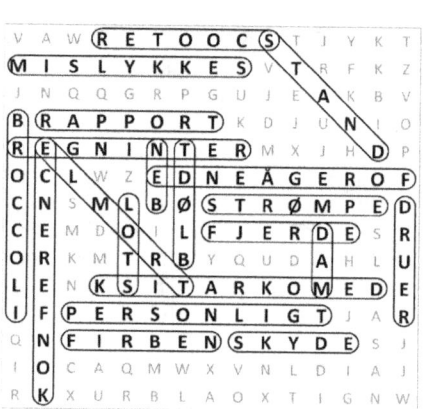

Puzzle 52

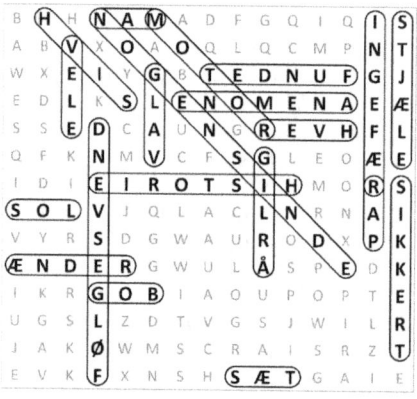

Puzzle 53

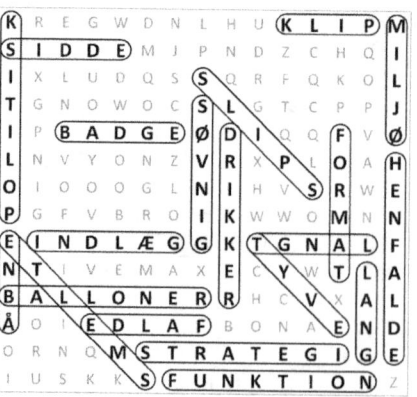

Puzzle 54

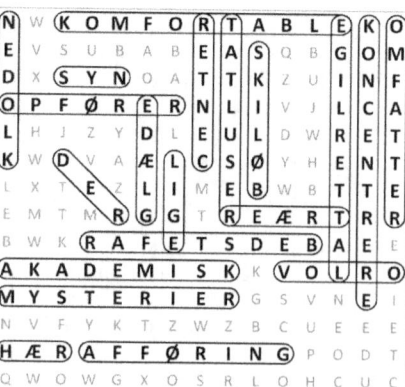

Puzzle 55

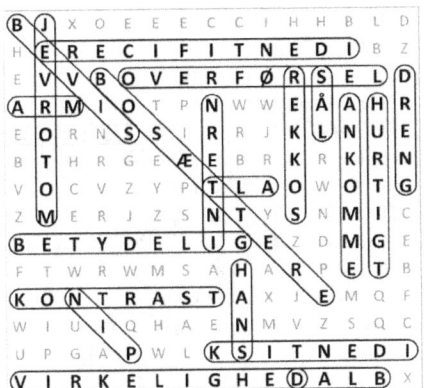

Puzzle 56

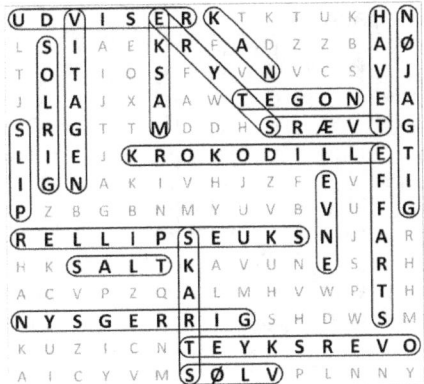

Puzzle 57

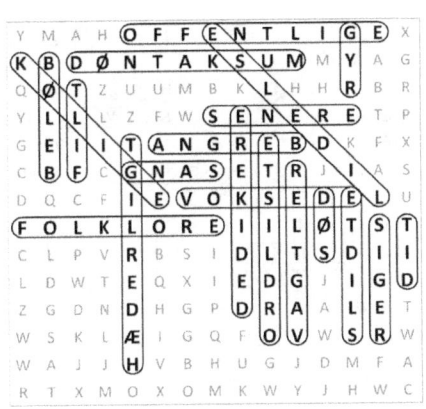

Puzzle 58

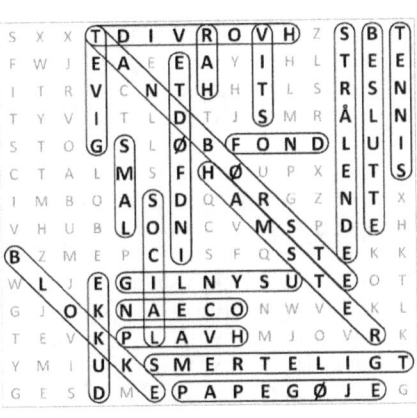

Puzzle 59

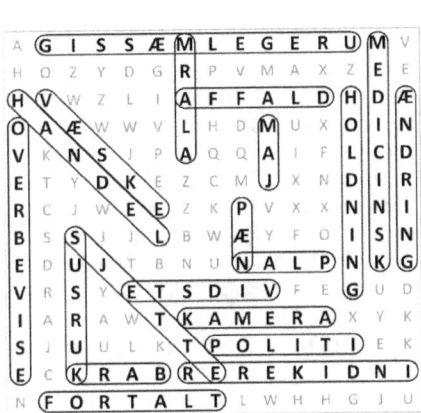

Puzzle 60

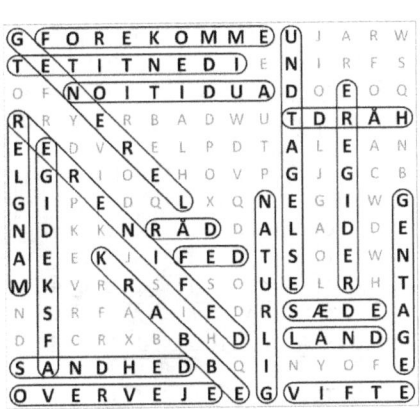

Puzzle 61

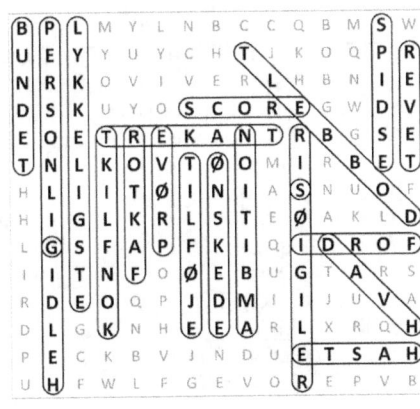

Puzzle 62

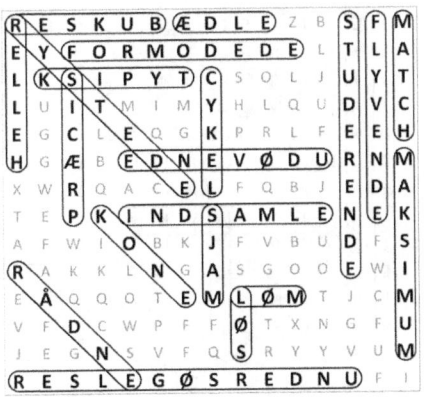

Puzzle 63

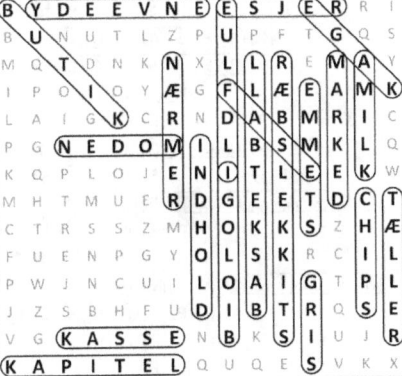

Puzzle 64

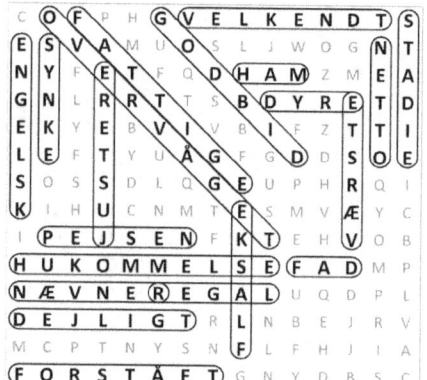

Puzzle 65

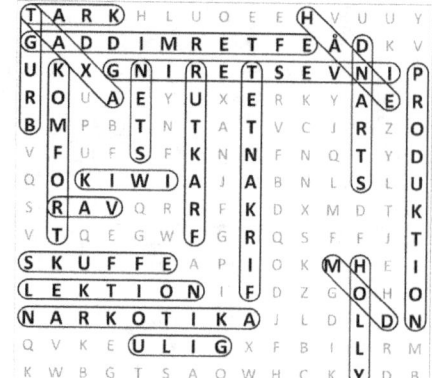

Puzzle 66

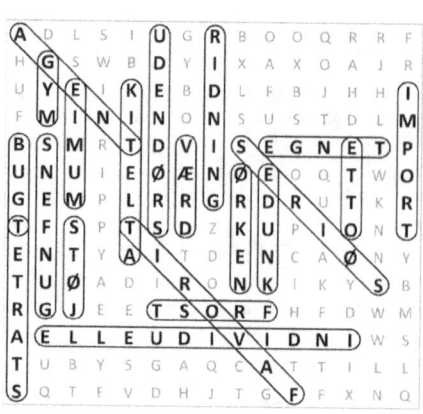

Puzzle 67

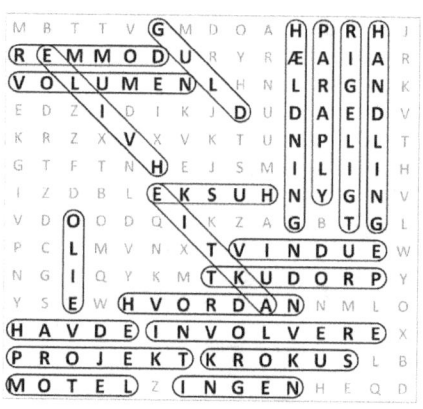

Puzzle 68

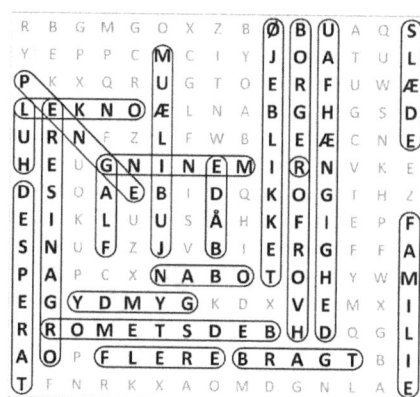

Puzzle 69

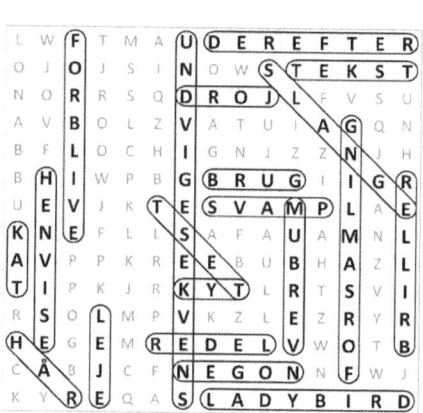

Puzzle 70

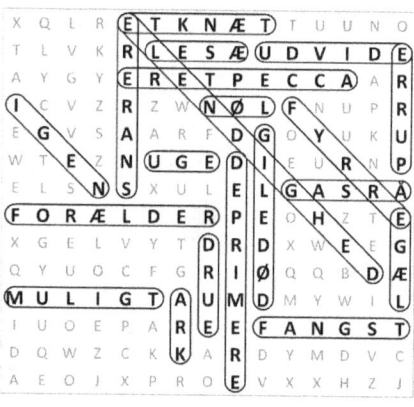

Puzzle 71

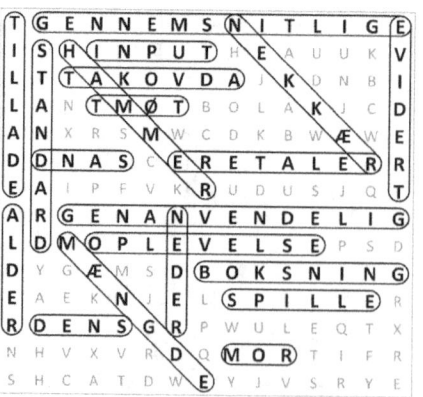

Puzzle 72

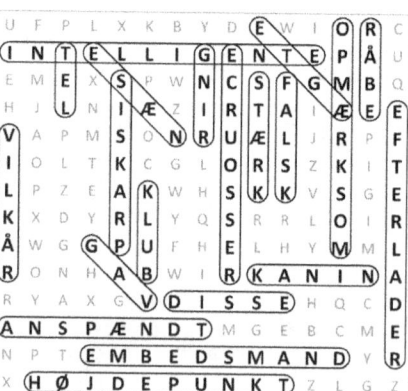

Puzzle 73

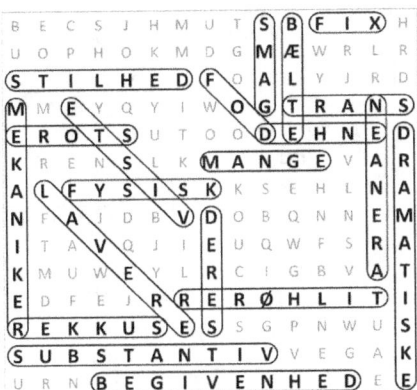

Puzzle 74

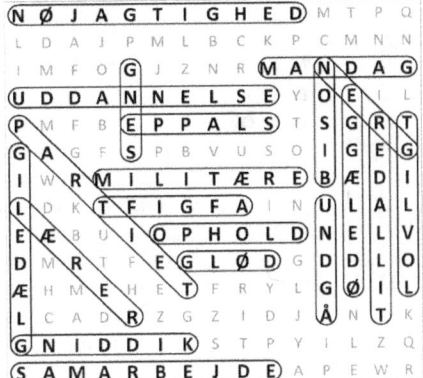

Puzzle 75

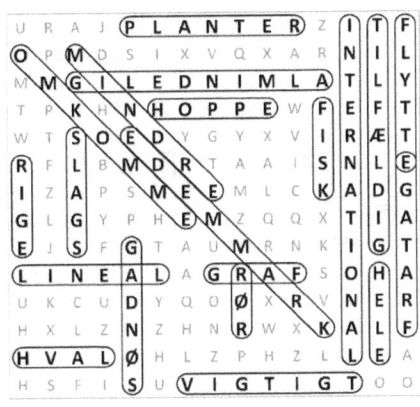

Puzzle 76

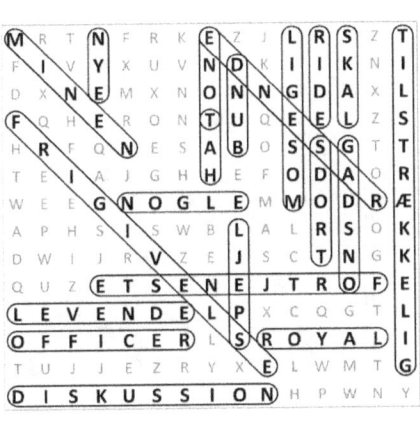

Puzzle 77

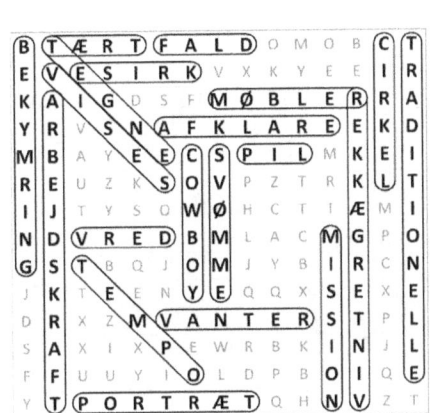

Puzzle 78

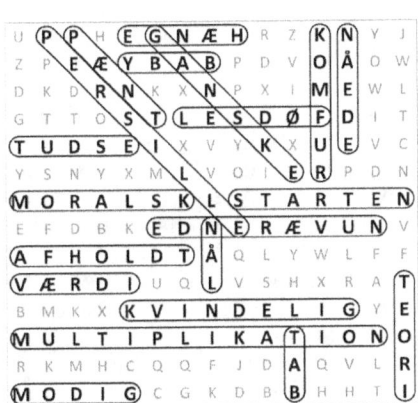

Puzzle 79

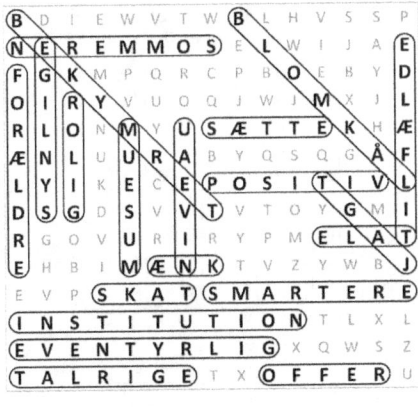

Puzzle 80

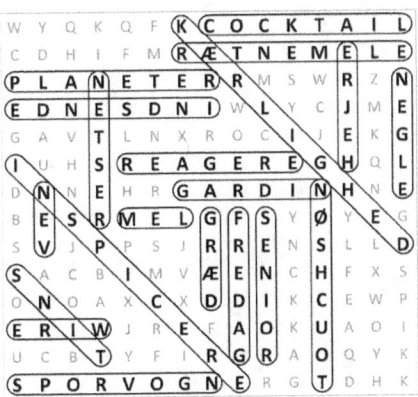

Puzzle 81

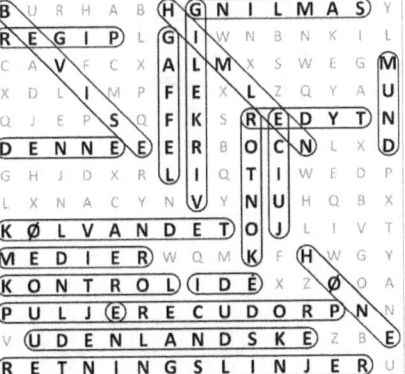

Puzzle 82

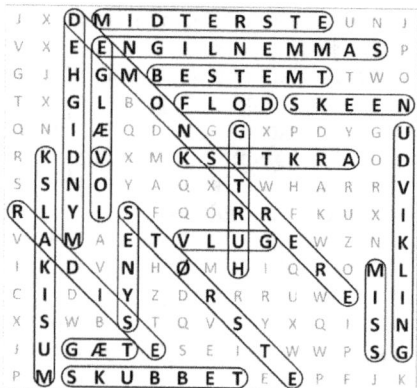

Puzzle 83

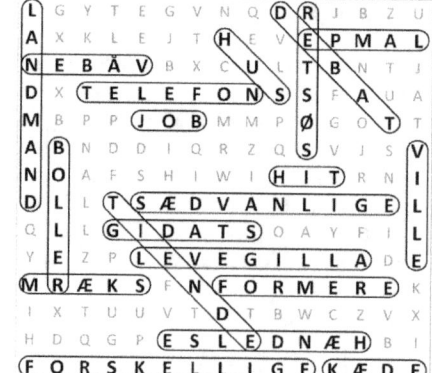

Puzzle 84

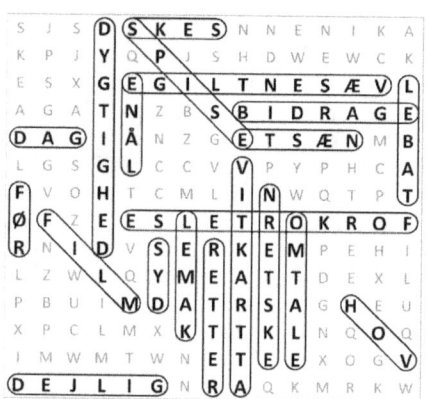

Puzzle 85

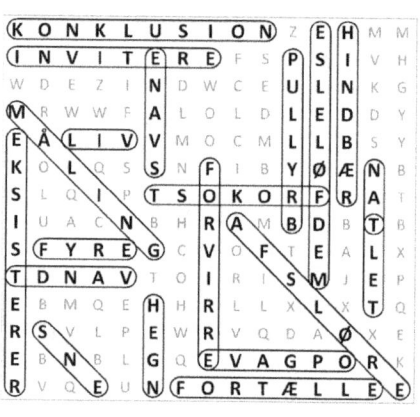

Puzzle 86

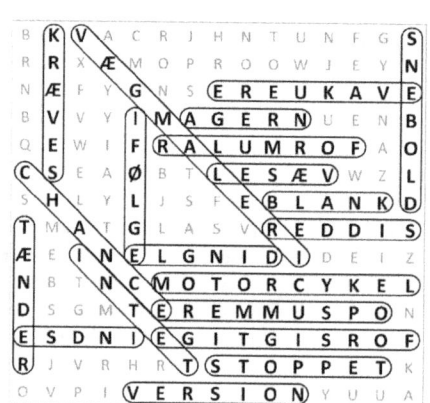

Puzzle 87

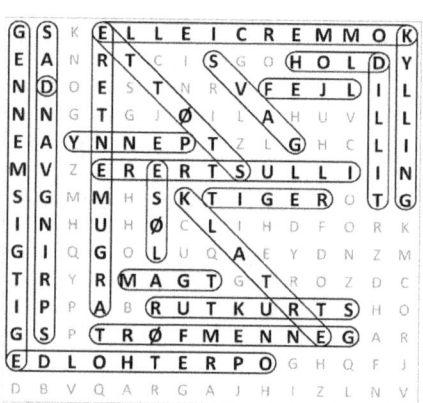

Puzzle 88

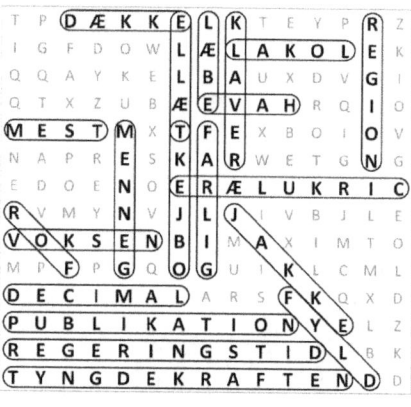

Puzzle 89

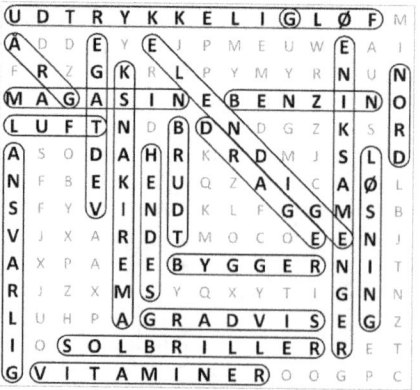

Puzzle 90

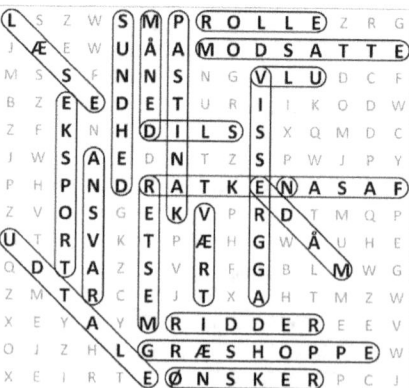

Puzzle 91

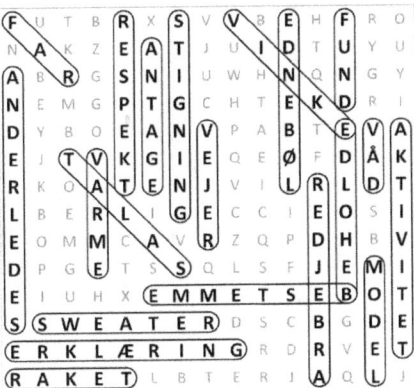

Puzzle 92

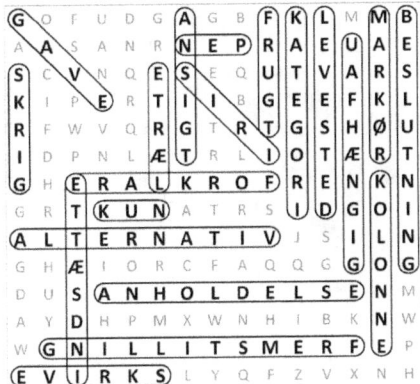

Puzzle 93

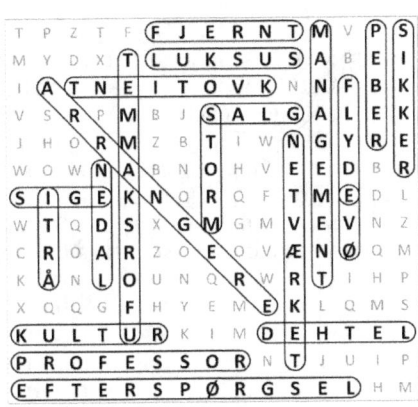

Puzzle 94

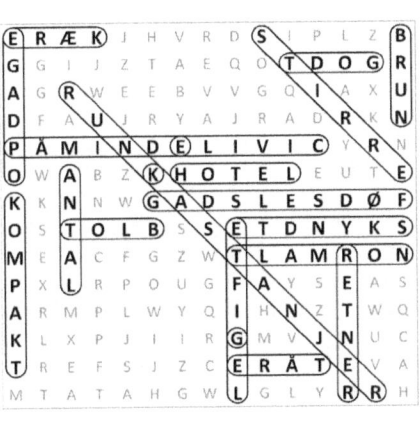

Puzzle 95

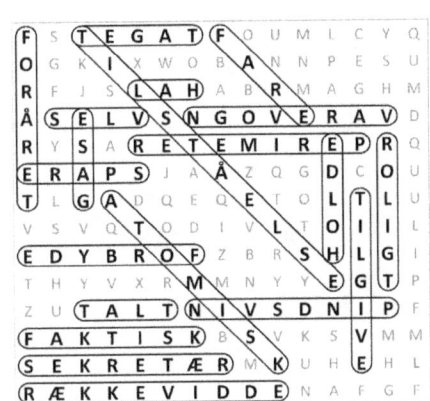

Puzzle 96

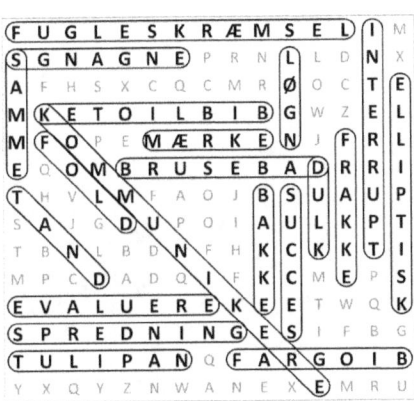

Puzzle 97

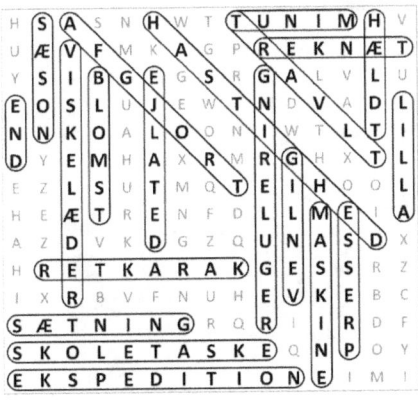

Puzzle 98

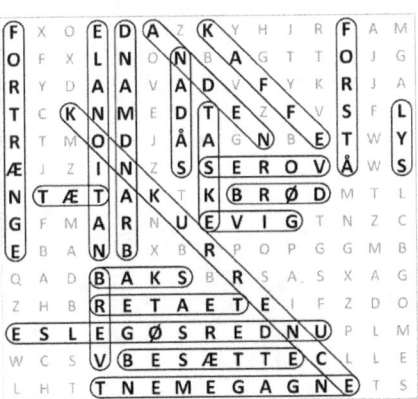

Puzzle 99

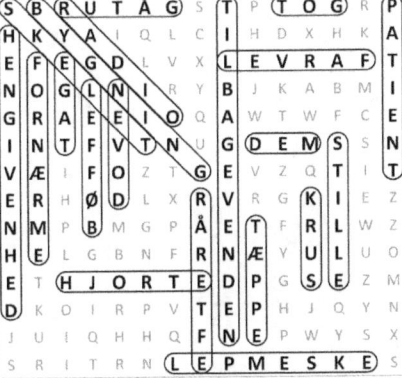

Puzzle 100

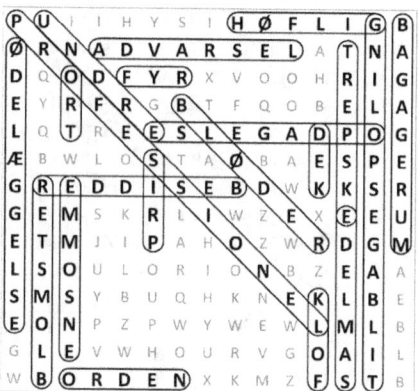

Congratulations

You made it!

We hope you enjoyed this book as much as we enjoyed making it. We do our best to make high quality games.

These puzzles are designed in a clever way to actively spark the brain and make it sharp and quick!
Did you love them?

A Simple Request

Our books exist thanks to the reviews you post on Amazon. Could you help us by leaving a review now?

Here is a short link which will take you to your Amazon orders review page.

BestBooksActivity.com/Review50

MONSTER CHALLENGE!

Challenge #1

Ready for Your Bonus Game? We use them all the time but they are not so easy to find. Here are **Synonyms**!

Note 5 words you discovered in each of the Puzzles noted below (#21, #36, #76) and try to find 2 synonyms for each word.

Note 5 Words from *Puzzle 21*

Words	Synonym 1	Synonym 2

Note 5 Words from *Puzzle 36*

Words	Synonym 1	Synonym 2

Note 5 Words from *Puzzle 76*

Words	Synonym 1	Synonym 2

Challenge #2

Now that you are warmed-up, note 5 words you discovered in each Puzzle noted below (#9, #17, #25) and try to find 2 antonyms for each word.
How many lines can you do in 20 minutes?

Note 5 Words from **Puzzle 9**

Words	Antonym 1	Antonym 2

Note 5 Words from **Puzzle 17**

Words	Antonym 1	Antonym 2

Note 5 Words from **Puzzle 25**

Words	Antonym 1	Antonym 2

Challenge #3

Wonderful, this monster challenge is nothing to you!

Ready for the last one? Choose your 10 favorite words discovered in any of the Puzzles and note them below.

1.	6.
2.	7.
3.	8.
4.	9.
5.	10.

Now, using these words and within a maximum of six sentences, your challenge is to compose a text about a person, animal or place that you love!

Tip: You can use the last blank page of this book as a draft!

Your Writing:

Explore a Unique Store
Set Up **FOR YOU!**

MEGA DEALS

BestActivityBooks.com/TheStore

Designed for **Entertainment**!

Light Up Your Brain With Unique **Gift Ideas**.

Access **Surprising** And **Essential Supplies**!

CHECK OUT OUR MONTHLY SELECTION NOW!

- Expertly Crafted Products -

NOTEBOOK:

SEE YOU SOON!

Delta Classics Team

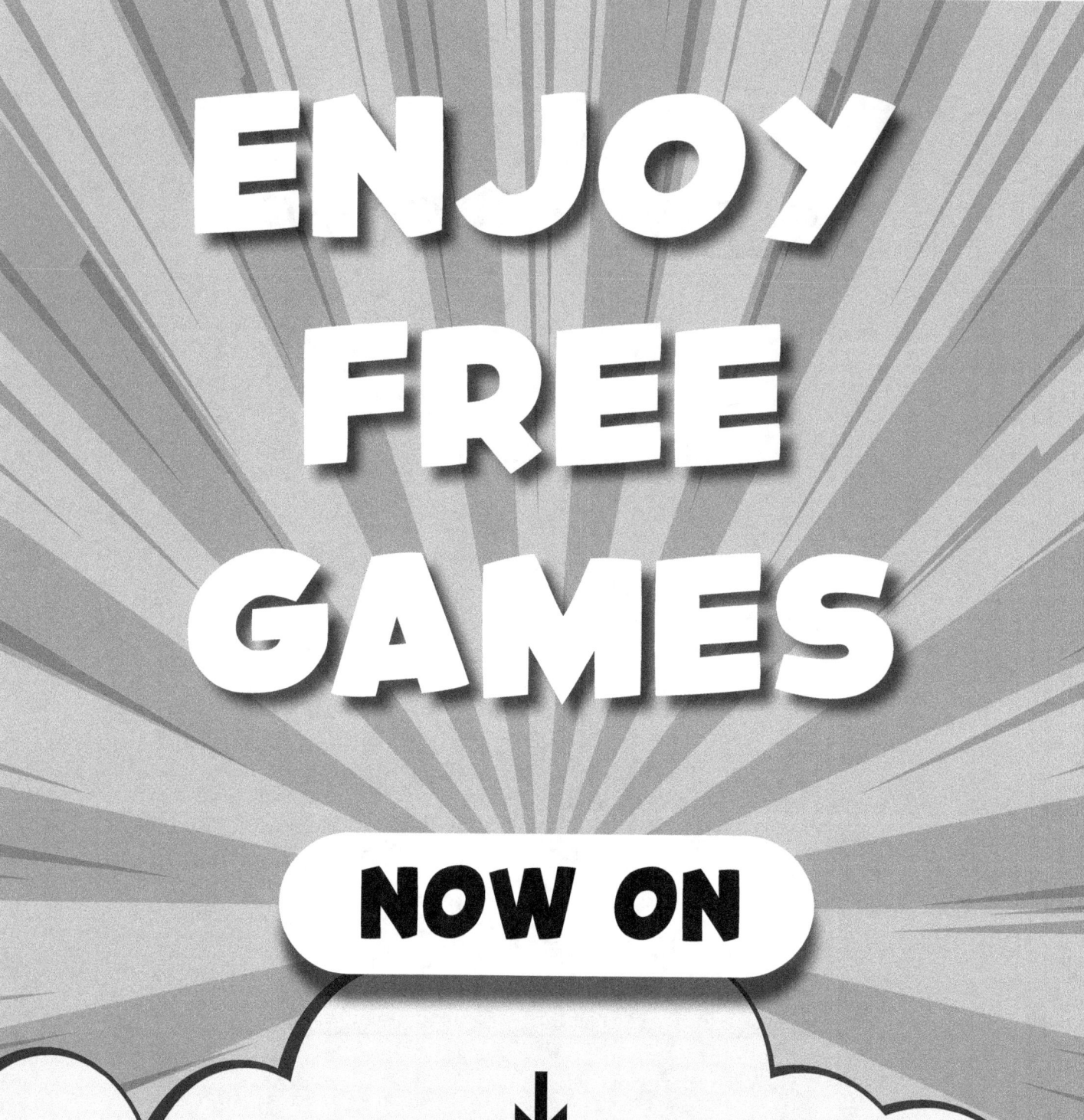

BESTACTIVITYBOOKS.COM/FREEGAMES